V&R

Psychotherapeutische **Dialoge**

Herausgegeben von Uwe Britten

Ilka Quindeau / Wolfgang Schmidbauer

Der Wunsch nach Nähe – Liebe und Begehren in der Psychotherapie

Ilka Quindeau und Wolfgang Schmidbauer
im Gespräch mit Uwe Britten

Vandenhoeck & Ruprecht

Mit 2 Abbildungen

Bibliografische Information der Deutschen Nationalbibliothek
Die Deutsche Nationalbibliothek verzeichnet diese Publikation in der
Deutschen Nationalbibliografie; detaillierte bibliografische Daten sind
im Internet über http://dnb.d-nb.de abrufbar.

ISBN 978-3-525-45194-6

Weitere Ausgaben und Online-Angebote sind erhältlich unter: www.v-r.de

Umschlagabbildung: dalinas/shutterstock.com
Texterfassung: Regina Fischer, Dönges
Korrektorat: Edda Hattebier, Münster; Peter Manstein, Bonn

© 2017, Vandenhoeck & Ruprecht GmbH & Co. KG,
Theaterstraße 13, D-37073 Göttingen /
Vandenhoeck & Ruprecht LLC, Bristol, CT, U.S.A.
www.v-r.de
Alle Rechte vorbehalten. Das Werk und seine Teile sind urheberrechtlich
geschützt. Jede Verwertung in anderen als den gesetzlich zugelassenen Fällen
bedarf der vorherigen schriftlichen Einwilligung des Verlages.
Printed in Germany.

Satz: SchwabScantechnik, Göttingen
Druck und Bindung: ⊕ Hubert & Co GmbH & Co. KG,
Robert-Bosch-Breite 6, D-37079 Göttingen

Gedruckt auf alterungsbeständigem Papier.

Inhalt

Professionelle Intimität 11
Die strukturgebende, haltende Liebe 12
Die »Verführung« durch den Therapeuten 24
Übertragungsliebe und Widerstand 36
Die Liebe wächst zur therapeutischen Zusammenarbeit 44

Die emotionale Bedürftigkeit des Therapeuten 53
Narzisstische Piraterie 54
Sexuelle Übergriffe 64
Missbrauchserfahrungen der Klientinnen 84

Verliebtheitsgefühle 101
Idealisierungen auf beiden Seiten 102
Übertragungsliebe und Schutzsuche 113

Herausforderungen in der Therapie begegnen 133
Kollegiale Unterstützung 134
Ansprechen oder nicht? 140
Hilfebedürfnisse ausdrücken 144

Liebesverhältnisse beenden 149
Möglichkeiten und Unmöglichkeiten 150
Gelungene Beendigungen 158

Ausgewählte Literatur 165

Frankfurt am Main im Februar 2016. Im Stadtteil Westend treffen sich Ilka Quindeau und Wolfgang Schmidbauer zu einem Gespräch über Nähewünsche, Liebe und Sexualität zwischen Therapeuten und Klientinnen während des Therapieprozesses. Ein heikles Thema. Ein Tabuthema. Ein entsprechendes Therapeutenverhalten wird durchweg von allen Fachverbänden strikt abgelehnt und führt zu massiven berufsrechtlichen Konsequenzen. Trotzdem tritt es auf, und zwar nicht nur in seltenen Einzelfällen. Die Nähewünsche und auch die aufkommende innere Verbundenheit, die auf beiden Seiten während des therapeutischen Prozesses aufscheinen, sind gleichwohl nicht überraschend, sondern sogar konstitutiv für die psychotherapeutische Beziehung und den therapeutischen Prozess. Wie also mit Liebesgefühlen und dem Wunsch nach Sexualität umgehen?

Ilka Quindeau, Jahrgang 1962, studierte Psychologie und Soziologie und ist heute Professorin für Klinische Psychologie und Psychoanalyse an der Frankfurt University of Applied Sciences, Fachbereich

»Soziale Arbeit und Gesundheit« sowie als Lehranalytikerin und Psychoanalytikerin in eigener Praxis tätig. Neben der Psychoanalyse mit den Konzepten zum Unbewussten, zu Trieb beziehungsweise Begehren, Erinnerung und Fantasie gehören zu ihren Arbeitsschwerpunkten die Biografie- und Geschlechterforschung, besonders die Sexualität.

Im Jahr 2008 veröffentlichte sie mit »Verführung und Begehren« ein Standardwerk zur »psychoanalytischen Sexualtheorie nach Freud«. Sie selbst bezieht sich in ihren Veröffentlichungen stark auf die Verführungstheorie des Franzosen Jean Laplanche, über den sie gemeinsam mit Lothar Bayer den Band »Die unbewusste Botschaft der Verführung. Interdisziplinäre Studien zur Verführungstheorie Jean Laplanches« herausgegeben hat. Mit Laplanche die Freud'sche Psychoanalyse weiterentwickelnd, hat sie ihre Konzeption in dem Titel »Sexualität« dezidiert ausgearbeitet und versucht darin, die normativen Konzepte vermeintlich »weiblicher« und »männlicher« Sexualitätszuschreibung zu überwinden. Die Frage nach geschlechtsspezifischem Verhalten von Psychoanalytikern steht in dem mit Frank Dammasch herausgegebenen Band »Männlichkeiten. Wie weibliche und männliche Psychoanalytiker Jungen und Männer behandeln« im Zentrum.

Wolfgang Schmidbauer, Jahrgang 1941, promovierte Mitte der Sechzigerjahre zu »Mythos und Psychologie«, arbeitete aber zunächst als Redakteur und Autor weiter, bis er die psychoanalytische Ausbildung begann und anschließend in eigener Praxis tätig wurde. Von Anfang an reflektierte er in seinen Veröffentlichungen nicht nur die psychotherapeutische Arbeit, sondern die aller helfenden Berufsgruppen. Sein Buch »Hilflose Helfer« (zuerst 1977 erschienen) hat bis heute mehr als zwanzig Auflagen erreicht und sprach sofort Helferinnen und Helfern »aus der Seele«. Später schloss »Wenn Helfer Fehler machen« an das Thema an.

Liebe und Sexualität sind ebenfalls bereits langjährige Schwerpunktthemen, die er in Titeln wie »Das Rätsel der Erotik« oder »Die heimliche Liebe: Ausrutscher, Seitensprung, Doppelleben« auch für ein populäres Publikum durchleuchtet hat. Eine Einführung in die Paaranalyse stellt das Buch »Unbewusste Rituale in der Liebe« dar.

Seine publizistischen Fähigkeiten machen ihn außerdem zu einem oft angefragten Autor bei aktuellen gesellschaftlichen Fragen.

PROFESSIONELLE INTIMITÄT

»Man kann die Abstinenz besser einhalten, wenn man weiß, wozu, und wenn man als Therapeutin weiß, dass die unbewusste sexuelle Dimension in jeder Therapie vorhanden ist beziehungsweise die therapeutische Beziehung geradezu konstituiert.«
Ilka Quindeau

Die strukturgebende, haltende Liebe

Frau Professorin Quindeau, wollen Menschen, die Psychotherapeuten werden, nicht eigentlich immer nur das eine, nämlich geliebt werden?

QUINDEAU Ja, in der Tat glaube ich, dass es etwas universell Menschliches ist, geliebt werden zu wollen. Michael Balint hat es als »Urwunsch«, als primären Wunsch des Menschen bezeichnet, bedingungslos geliebt zu werden.

Die Liebe ist daher auch von zentraler Bedeutung in der Psychotherapie. Es ist die haltende, strukturgebende Liebe, die eine Veränderung erst möglich macht. Das Gefühl, angenommen zu werden, lässt sich nicht technisch erzeugen, sondern muss sich einstellen. Schon Freud sprach von der »Heilung durch Liebe«, und damit hatte er völlig recht. Die libidinöse Hinwendung zum Patienten oder zur Patientin ist Teil der analytischen Haltung, des Arbeitsbündnisses. Wir sagen häufig, dass der Rahmen, das Setting, eine haltende Funktion hat, aber wenn man es genauer betrachtet, wird deutlich, dass es die emotionale Zuwendung ist, die hält. Das Gefühl, aufgenommen und verstanden zu werden, ist eine starke gefühlsmäßige Erfahrung, die einen Patienten oder eine Patientin oft richtig aufblühen lässt.

SCHMIDBAUER Wir werden wohl noch öfter dem Problem begegnen, dass sich Liebe schlecht definieren lässt. Wo fängt sie an, wo hört sie auf, was muss sie erdulden, was leisten? Schon in den Bildern über die Liebe vor fünfhundert Jahren gibt es Amor und Caritas, die begehrende und die sorgende Liebe; in der Therapie geht es um beide, aber zugelassen wird nur die zweite. Die Elternliebe verlangt, dass wir am Wohlergehen und an der Entwicklung des Kindes interessiert sind und unsere eigene Bedürfnisbefriedigung zurückstellen; die Liebe des Therapeuten leitet sich aus dieser Form der Liebe ab. Sie wird uns aber auch leichter gemacht, wir sind privilegiert, werden für unseren Zeitaufwand entschädigt und können ihn begrenzen. Ich finde es auch wichtig, die eigene Praxis so zu gestalten, dass es leicht möglich ist, die Patienten und Patientinnen zu lieben in dem Sinn, dass sie des wohlwollenden Interesses an ihrem Wohlergehen und ihrer Entwicklung sicher sein können. Die analytische Situation schützt ja beide Seiten; sie ist begrenzt, die Rollen sind klar.

QUINDEAU Die Patientinnen spüren, dass man sie mag, und das macht neue Entwicklungen möglich, denn häufig ist es ja gerade das Gefühl, nicht verstanden, nicht genügend geliebt worden zu sein, das jemanden in die Therapie führt. Wenn sie jedoch merken, dass ich mich emotional auf sie einlasse, dass ich mit all meinen Gefühlen und Gedanken dabei bin, entsteht eine neue tragende Erfahrung, die die therapeutische Arbeit ermöglicht. Ich glaube, dass diese Zuwendung, wie sie charakteristisch ist für Liebesbeziehungen, der stabilisierende Faktor in der Therapie ist. Sie scheint mir die Voraussetzung dafür zu sein, dass sich jemand überhaupt mit seinen schmerzlichen, traumatischen oder beschämenden Erfahrungen auseinandersetzen kann.

In der Psychoanalyse geht es uns um das Bewusstmachen unbewusster Wünsche und Fantasien, die den Symptomen zugrunde liegen beziehungsweise diese aufrechterhalten. Und diese Wünsche sind ja nicht zufällig unbewusst, sondern wurden im Laufe des Lebens unbewusst, weil sie unerträglich waren, weil sie zu schmerzlich waren oder weil sie einfach unerfüllbar waren. Daher muss sich der Patient oder die Patientin erst rundum angenommen – also geliebt – fühlen, um sich auf das Wagnis einzulassen und sich diesen unbewussten, angsterregenden Dimensionen zu nähern. Erst auf dieser Basis kann man die bisher abgewehrten Ängste und Fantasien, die Schuld- oder Schamgefühle allmählich zulassen, sie spüren und aushalten. Die tastenden Annäherungen an diese schwer erträglichen Dimensionen gehen mit einer erhöhten Verletzbarkeit einher; auch dies braucht das Gefühl, angenommen zu sein, es braucht Vertrauen, sonst kann man sich dem nicht nähern.

SCHMIDBAUER Wir haben es ja oft mit traumatisierten Menschen zu tun, und – das finde ich wichtig – seelische Verletzungen machen Menschen nicht selten uncharmant, latent aggressiv, ängstlich. Daher kommen Personen zu uns, die im üblichen sozialen Rahmen wenig liebenswürdig sind, selbst wenig Liebe erfahren haben und daher »schwierig« erscheinen. Naive Liebe ist da nicht angebracht, sie würde schnell enttäuscht und dazu führen, dass entweder der Therapeut gekränkt ist oder der Patient mit seinem Mangelzustand alleingelassen wird. Es geht um eine forschende Liebe, die durch Verständnis für die persönliche Geschichte und die in ihr wurzelnden Eigenheiten erst möglich werden kann.

QUINDEAU Vielleicht kann man dies auch umgekehrt formulieren: Analyse – die Arbeit am Unbewussten – ohne Liebe wäre sadistisch. Sie übt Macht aus, diszipliniert im Foucault'schen Sinne und zielt auf Unterwerfung. Die therapeutische Arbeit funktioniert nur, wenn sie wahrhaftig ist und von Zuwendung getragen. Die Liebe des Analytikers trägt entscheidend dazu bei, dass die abgespaltenen, unerwünschten Anteile vom Patienten angenommen und akzeptiert werden können. Ein kleines Beispiel mag dies verdeutlichen: Eine Patientin mit einem ziemlich chaotischen lebensgeschichtlichen Hintergrund, die sich wenig geliebt fühlte, spürte, dass ich sie mag. Erstaunt nahm sie ihre Veränderung wahr: »Ich werde ja plötzlich ganz anders.« Ihre fragmentierten Anteile wurden gleichsam libidinös zusammengebunden.

Natürlich läuft es nicht bei allen Patienten und Patientinnen gleich. Manche mag man von Anfang an und diese Zuwendung hat etwas Tragendes, bei anderen ist die gefühlsmäßige Nähe nicht sofort vorhanden, sondern entwickelt sich erst langsam. Auch das können sehr gelungene therapeutische Entwicklungen werden, wenn sich die Liebe erst mit der Zeit einstellt. Mir scheint es allerdings nötig für die gemeinsame Arbeit, dass es irgendeinen Aspekt gibt, den man an einer Person mag oder zumindest interessant findet, der die Neugier weckt. Sonst kann sich der analytische Prozess kaum entwickeln.

SCHMIDBAUER Ich finde auch, dass Liebe ein Geschenk ist, während das wohlwollende intellektuelle Interesse das professionelle Fundament der analytischen Arbeit darstellt, auf dem sich dann eine haltgebende und liebevolle Beziehung entwickeln kann – auch durch ein genaues Verständnis für die destruktiven Aspekte im bisherigen und aktuellen Sozialverhalten der Analysandinnen.

QUINDEAU Es ist schade, dass die Frage von Liebe in der Therapie meist sehr verkürzt und konkretistisch diskutiert wird, auf die genitale Liebe und Sexualität eingeschränkt. Da geht es gleich um die problematischen Seiten wie Missbrauch und um Widerstand, aber die eigentlich tragende Liebe, die konstitutiv ist für die Behandlung, wird kaum thematisiert, weder theoretisch noch klinisch. Oder sie wird als Kitsch empfunden. Das ist ein interessantes Phänomen, diese Entwertung. Vielleicht liegt es daran, dass die Liebesgefühle zu intim sind, um darüber zu sprechen?

Herr Dr. Schmidbauer, wollen Psychotherapeuten nur genauso geliebt werden wie alle anderen Menschen auch? Also spielt es keine besondere Rolle, etwas Gutes tun zu wollen und sich damit auch gut zu fühlen?

SCHMIDBAUER Nein, das ist spezifischer, glaube ich, denn es gibt eher das Bedürfnis danach, Beziehungssituationen unter Kontrolle zu haben. Vielleicht ist das schon eine frühe Entscheidung etwa gegen die üblichen Orientierungen, wie viel Geld verdienen oder Erfolg haben zu wollen – beides ist einem ja in den helfenden Berufen eher nicht beschieden. Ich denke, es gibt bei Psychotherapeutinnen und Psychotherapeuten ein Beziehungsbedürfnis, das vielleicht ausgeprägter ist als in anderen Berufen.

QUINDEAU Ich finde das ein zentrales Stichwort, das Beziehungsbedürfnis. Das scheint mir eine Voraussetzung für diesen Beruf zu sein. Freud hat die Aufgabe der Analyse mal schön auf den Punkt gebracht, es gehe darum, verdrängte Liebe zu befreien. Und diese Befreiung kann nur in einer Beziehung geschehen. Sicher ist das Beziehungsbedürfnis bei jedem von uns ganz verschieden ausgeprägt, denn da gibt es ja sehr unterschiedlich intensive Formen von Beziehungen. Vielleicht spielt es eine Rolle bei der Frage, ob jemand Verhaltenstherapeutin wird oder Analytikerin. Wichtig scheint mir zu sein, dass man seine eigenen Beziehungsbedürfnisse kennt und sie in der Arbeit reflektiert. Das Beziehungsbedürfnis hängt wohl auch zusammen mit dem Wunsch, Beziehungen »unter Kontrolle« zu halten. Darin sehe ich ein mächtiges unbewusstes Motiv auf beiden Seiten, nicht nur bei Patientinnen, sondern ebenso bei Therapeutinnen. Und da ist es nicht leicht aufzuspüren, weil es oft durch das »Helfenwollen« verborgen ist. Daher sind die Lehranalysen auch so wichtig für die Ausbildung, denn man muss seine eigenen Wünsche und Bedürfnisse kennen, damit sie nicht unbemerkt in die Beziehung zum Patienten eingehen und dort agiert werden. Es ist ja gerade nicht die Idee der Psychoanalyse, Beziehungen »unter Kontrolle« zu halten, sondern die Analyse zielt eher umgekehrt darauf, dieses Kontrollbedürfnis zu mildern und dem anderen Raum zu lassen.

SCHMIDBAUER Na ja, ich denke, der Therapeut hat schon sehr viel Kontrolle über die therapeutische Situation. Wenn ich an mich selbst denke, dann glaube ich durchaus, dass mich bei der Entscheidung für die psychoanalytische Ausbildung viel mehr die Neugier auf die Beziehungsgestaltung gereizt hat als nur dieses Helfenwollen. Ja, durchaus eine Neugier, und dabei gleichzeitig aber auch das Sicherheitsbedürfnis.

In Deutschland ist ja die Psychologie inzwischen eines der beliebtesten Studienfächer geworden. Psychologie ist etwas, was verspricht, Kontrolle über die Welt, über die Beziehungswelt zu haben. Man versteht dann mehr von den sozialen Interaktionen. Man kann sich auf einem Gebiet, in dem sich andere nicht so gut auskennen, doch gut orientieren, sich sicher fühlen. Das hat ja etwas Faszinierendes.

QUINDEAU Keine Frage! Und gerade deshalb muss der Wunsch nach Kontrolle und Sicherheit reflektiert werden, um sich nicht hinterrücks in unsere Arbeit einzuschleichen.

SCHMIDBAUER Übrigens glaube ich nicht, dass alle Menschen geliebt werden wollen. Das primäre Bedürfnis ist das nach Sicherheit oder nach Angstvermeidung. Und das wiederum macht uns Therapeuten empfänglich dafür, uns genau jene kulturellen Werte anzueignen, die es ermöglichen, das zu erreichen.

QUINDEAU Aber das muss ja auch kein Widerspruch sein. Ich würde Ihnen völlig zustimmen, dass das Bedürfnis nach Sicherheit zentral ist. Und es passt hervorragend zusammen mit dem Bedürfnis, geliebt zu werden. So ist es doch die liebende Mutter, die dem Kind Sicherheit und Geborgenheit verspricht …

SCHMIDBAUER Ja, bei denen, die sie gehabt haben und die sich ihrer sicher sein konnten, die können offenen Auges auf die gesellschaftlichen Möglichkeiten zugehen und ihre Karriere planen. Meistens sind aber künftige Therapeuten oder künftige Helfer eher jene, die sich genau dieser mütterlichen Zuwendung nicht so ganz sicher gefühlt haben. Das haben sie dann eben mit der Wahl dieses Berufes auszugleichen versucht.

QUINDEAU Ich weiß nicht, ob man das so generell sagen kann, und würde gerne auf den anderen Punkt noch einmal zurückkommen, weil er so wichtig ist für die Therapieausbildung, nämlich den selbstkritischen Umgang mit eben diesem Wunsch nach Kontrolle. Mit diesem Wunsch kommen viele Kandidaten und Kandidatinnen in die Ausbildung, und ich glaube, dass es notwendig ist – und deswegen machen wir ja die langen Lehranalysen –, von diesem Wunsch Abstand zu nehmen. Ich würde sagen, das Ziel zum Beispiel einer Psychoanalyse ist, die Ungewissheit zu ertragen und nicht zu versuchen, etwas zu kontrollieren, was nicht zu kontrollieren ist. Eine Beziehung lässt sich nicht kontrollieren. Das zu verstehen während der Ausbildung, das ist schon sehr wichtig.

Auch Liebesbeziehungen zum Beispiel sind einfach grundlegend asymmetrisch und wir sind immer auf den anderen angewiesen. In unserer Kultur gehen wir jedoch meistens von Austauschbeziehungen aus, die reziprok sind, wechselseitig, und in denen das Geben und das Nehmen gleich verteilt sind. Wenn ich etwas gebe, kann ich erwarten, dass ich auch etwas bekomme. Doch so funktionieren Liebesbeziehungen nicht. Liebe ist immer einseitig, das gilt freilich für beide Partner. Aber wir können die Liebe nicht festhalten, wir können sie nicht kontrollieren und steuern. Liebesbeziehungen sind die ersten, also die grundlegenden Beziehungen im Leben eines Menschen; sie wiederholen sich dann in der Analyse.

SCHMIDBAUER Das ist sehr treffend gesagt, wobei diese Wiederholung ja eine indirekte, partielle, auf Erlebnisse, ihre Beschreibung und Deutung zentrierte ist, und zwar in einer quasi experimentellen Situation mit einem festen Rahmen. Ich würde auch sagen, dass es einen erfahrenen Therapeuten oder Analytiker vom unerfahrenen gerade nicht unterscheidet, dass er schneller die »richtige« Deutung findet, sondern dass er es einfach viel eher aushält, wenn er etwas nicht versteht, dass er denkt: Das wird sich dann schon irgendwann klären. Er ist nicht so ängstlich und kann eine zwischenmenschliche Situation einigermaßen offenhalten und sie trotzdem persönlich gestalten. Der unerfahrene denkt in jedem Moment darüber nach, was ein guter Analytiker jetzt tun würde. Das engt natürlich sehr ein.

QUINDEAU Ja, das zeichnet einen guten Therapeuten, eine gute Therapeutin aus, dass sie Unsicherheiten aushalten und Mehrdeutigkeiten ertragen kann. Das soll ja gerade mit dem erneuten

Durcharbeiten des Ödipuskonflikts in der Lehranalyse erworben werden.

Die Kontrolle mag ja eine Illusion sein, aber die Macht scheint mir doch recht eindeutig verteilt.

SCHMIDBAUER Ich würde sagen, der Analytiker ist sozusagen gewappnet, der Analysand ungeschützt. Der Analytiker trägt eine professionelle Rüstung, er kann sich schützen, er hat Routine im Umgang mit der analytischen Situation erworben. Es mag Patienten geben, die das auch haben, die schon mehrere Behandlungen hinter sich haben, aber sie sind doch die Ausnahme. Es ist also ein Machtgefälle da, und solange es dominiert, ist die Kooperation schwierig – erst wenn sich die beiden Spieler im Feld auf Regeln geeinigt haben, die sie beide für sinnvoll halten, kann der konstruktive Prozess beginnen, und in diesem ist die Macht dann auf beide verteilt. Nur wenn sie kooperieren und einander vorwiegend – nicht absolut – vertrauen, kann dieser Prozess zu positiven Folgen führen.

QUINDEAU Zweifellos haben wir als Therapeutinnen Routine im Umgang mit der Unsicherheit und Mehrdeutigkeit, aber es wäre doch zu wünschen, dass dies eben gerade nicht zur »Rüstung« wird. Wie dieses Bild deutlich macht, könnte der notwendige Schutz auf Kosten der Feinfühligkeit und Resonanzfähigkeit gehen. Zu dieser Feinfühligkeit gehört auch ein Gespür für die eigene Macht, für die Wahrnehmung des Machtgefälles. Der Frankfurter Soziologe und Psychoanalytiker Alfred Lorenzer hat vor vielen Jahren die Besonderheit der Psychoanalyse einmal damit beschrieben, dass Freud eine radikale Umkehrung der Arzt-Patient-Beziehung vorgenommen habe. Im Unterschied zu anderen therapeutischen Verfahren geht die Definitionsmacht nicht vom Analytiker aus. Vielmehr folgt er seinem Patienten. Das ist sicher idealtypisch formuliert und leider von Analytikerinnen nicht selten so missverstanden worden, als ob sich dies ganz automatisch aus dem Verfahren ergeben würde. Das ist natürlich nicht automatisch der Fall, sondern eine Aufgabe für den Analytiker, seine eigene Macht kritisch zu reflektieren und sich ihrer bewusst zu sein. Dies erst eröffnet den Raum für den Analysanden.

Lassen Sie uns trotzdem noch mal auf das Gutes-Tun zurückkommen: Spielt es im eigenen Berufsziel eine Rolle oder spielt es keine Rolle?

SCHMIDBAUER Na, ich würde sagen, es differenziert sich: In einer professionellen Entwicklung will man einfach seine Arbeit gut machen. Das ist etwas anderes, als Gutes tun zu wollen. Was definiert überhaupt etwas »Gutes«? Das Gute in so einer komplizierten Profession ist ja immer etwas, was eher von außen, also beispielsweise von Kollegen beurteilt werden kann, beziehungsweise im Endeffekt, jedenfalls wenn es gut läuft, sollte das natürlich der Patient beurteilen. Der sollte zufrieden sein mit der Therapie. Aber ich denke, man kann sich nicht in jeder Situation als Analytiker so verhalten, dass der Patient zufriedengestellt ist, das ist unter Umständen sogar unprofessionell. Die Orientierung muss eine doppelte sein: Das Gute ist das, was ich tue, indem ich meine Profession gut mache, und das Gute ist ebenso, was die Kollegen, die mich kennen und mit denen ich in der Intervisionsgruppe bin, fachlich in Ordnung finden.

QUINDEAU Das ist eine diffizile und komplexe Frage. In der Kollegenschaft gibt es ja sehr unterschiedliche Vorstellungen, was das »Gute« in einer Psychotherapie ist oder was einen guten Analytiker beziehungsweise eine gute Analytikerin ausmacht. Darüber herrscht ja nicht in allen Punkten Konsens. Wichtig erscheint mir, dass jede und jeder für sich und mit seiner Bezugsgruppe erst mal definiert, was das Entscheidende ist, damit beurteilt werden kann, ob eine Therapiestunde oder eine ganze Therapie gelungen ist oder nicht. Dafür brauchen wir andere, man kann nicht allein Analytikerin sein. Es ist immer wichtig, dass man eine Gruppe hat, mit der man sich darüber austauschen kann. Außerdem, Herr Britten, als Analytikerinnen befassen wir uns weniger mit moralischen Fragen.

SCHMIDBAUER In der Analyse fällt die Definition des Guten ohnehin schwer. In anderen Dienstleistungsberufen erfolgt die Rückmeldung viel schneller. Es wäre zu einfach zu sagen: Wenn die Praxis leer bleibt, dann arbeitet man vermutlich nicht gut, und wenn die Praxis voll ist, dann arbeitet man gut. Aber in einem Beruf wie dem des Analytikers mit diesen lang andauernden Prozessen, in denen beispielsweise auch Widerstand bearbeitet werden muss, ist dieses schlichte Kriterium dafür, was das Gute ist, nicht so ganz leicht zu haben, zu füllen. Oder ein anderer Fall: Wenn jemand eine lange Warteliste hat, muss auch das nicht heißen, dass er gut arbeitet. Trotzdem gibt es in jedem Institut ein paar Leute, die darüber klagen, dass sie keine Patienten mehr finden. Die sind sicher nicht nur nicht gut, sondern die sind vermutlich ausgesprochen schlecht. Die machen krasse Fehler.

Tja, aber was ist ein guter Therapeut? Es reicht meiner Ansicht nach aus, wenn »gut« eine durchschnittliche Qualifikation ist. Diese Sehnsucht nach jemandem, der als Therapeut sehr gut oder perfekt sein soll, das ist ja auch schon wieder ein Problem.

QUINDEAU Absolut.

SCHMIDBAUER Mir persönlich ist es immer unheimlich, wenn Leute von weit her kommen, weil sie mit mir eine Ehetherapie machen wollen. Solche Ansprüche und Erwartungen sind nicht so ganz einfach zu bewältigen, die machen nur überflüssige Komplikationen.

Wenn jemand eine Blinddarmentzündung hat, dann versucht er vielleicht, den besten Chirurgen von Deutschland zu finden, und fährt sechshundert Kilometer zu ihm hin, um sich operieren zu lassen. Das ist aber überhaupt nicht funktional, sondern es ist eine reine angstmindernde Maßnahme, dass man sich den vermeintlich perfekten Helfer sucht. Der nächste professionell arbeitende Chirurg kann das genauso gut, und zwar mit viel weniger Aufwand und Stress für den Patienten. Ich würde mal sagen: Jeder professionell arbeitende Therapeut arbeitet, indem er durchschnittlich arbeitet, auch gut genug – und das meiste kann man auch durch Brillanz nicht verbessern. Man braucht beispielsweise nur eine gute Krankenschwester und keine perfekte.

QUINDEAU Dazu passt sehr schön das Winnicott'sche Konzept der »ausreichend guten« Mutter. Das ist wahrscheinlich auch für Therapeuten und Therapeutinnen sehr zutreffend.

SCHMIDBAUER Ja, aber das geht der Konsumgesellschaft eigentlich gegen den Strich, denn darin muss ja einfach alles »optimiert« werden.

QUINDEAU Die Suche nach dem Optimalen macht sicher auch vor der Therapie nicht halt. Ich weiß nicht, ob es eine Frage des Konsums ist. Mir scheint es eine Überzeugung zu sein, dass man das Optimale vorfindet. Und so gibt es zunehmend Patientinnen, die nach dem richtigen Therapeuten oder der richtigen Therapeutin googeln und nach Spezialistinnen für spezifische Fragestellungen suchen. Dabei entwickelt sich das »Richtige« für den Klienten ja aus einer Beziehung heraus und entsteht damit erst. Das heißt, es gibt vermutlich ein »gutes« analytisches Paar, das im therapeutischen Prozess gut miteinander funktioniert. Es gibt nicht die eine Person des Therapeuten, die alles »kann«. Damit wir unsere Arbeit gut genug machen können, sind wir existenziell angewiesen auf eine funktionierende Beziehung zum Klienten. Das relativiert ebenfalls unsere eigenen Fähigkeiten. Gut zu sein wäre dann also nicht eine Eigenschaft des Therapeuten oder der Therapeutin, sondern das Ergebnis der Beziehung, der gemeinsamen Arbeit. Selbstverständlich setzt dies die Entwicklung professioneller Kompetenzen wie Reflexions- und Resonanzfähigkeit sowie Ambiguitätstoleranz voraus, die in der Ausbildung vermittelt werden und während des gesamten beruflichen Lebens immer wieder aufrechterhalten werden müssen, wie es Reimut Reiche einmal schön auf den Punkt gebracht hat: »Es ist nicht schwer, Analytiker zu werden, aber es zu bleiben.«

SCHMIDBAUER Ich denke auch, dass eine ständige Übung des eigenen geistigen Handwerks und ein Lernen von den Analysandinnen der beste Schutz vor Langeweile und Burn-out ist, die es auch unter Therapeuten gibt. Persönlich stehe ich aber gegenwärtig vor einer anderen Aufgabe: Ich muss allmählich meine Freude an der Arbeit loslassen, ich kann mit 75 Jahren keine Langzeitanalysen mehr beginnen, arbeite vor allem als Supervisor und in kurzen Paartherapien und kann nur sagen, es ist nicht ganz einfach, Analytiker zu werden, aber auch schwer, nicht Analytiker zu bleiben, sondern sich von diesem Beruf zu verabschieden.

Die »Verführung« durch den Therapeuten

Herr Dr. Schmidbauer, ich habe in Ihrem Buch »Wenn Helfer Fehler machen« die Aussage gefunden: »Der Hunger nach dankbaren Blicken«, und zwar auf den Therapeuten bezogen. Dürfen Therapeuten auf Dankbarkeit aus sein?

SCHMIDBAUER Ja, denn das ist ein allgemein menschlicher Hunger. Therapeuten haben den auch, sicher. Jedem, der ein ehrlicher Selbstbeobachter ist, ist es lieber, wenn die Patienten dankbar und zufrieden aus der Stunde weggehen als gestresst und unzufrieden. Allerdings darf man nicht aus der professionellen Rolle herausfallen, nur um jemanden zufriedenzustellen. Das ist das Dilemma, das auch zu dem Thema des Missbrauchs in der Psychotherapie gehört. Wenn man eine Grenze überschreitet, ist die gespendete Dankbarkeit, die es durchaus aufseiten der Klienten zunächst geben kann, nicht mehr in Ordnung.

QUINDEAU Ich vermute, dass der Wunsch nach einer narzisstischen Bestätigung und Gratifikation möglicherweise in unserem Arbeitsfeld höher ist, weil man so viel mit Ungewissheit zu tun hat, weil die Prozesse so lange dauern und man eben nicht wie ein Chirurg nach zwei Stunden sagen kann: Die Operation ist gelungen.

SCHMIDBAUER Nun ja, nach zwei Stunden kann der Chirurg sagen, die Operation ist technisch gut gelaufen. Aber ob sie dem Patienten auch genützt hat, das entscheidet sich doch auch erst nach einem Heilungsprozess, der vielen Unwägbarkeiten ausgeliefert ist. Das ist dann gar nicht mehr so verschieden von dem Eingriff der Psychoanalyse in das Leben.

QUINDEAU Unser Arbeitsergebnis ist nicht nach zwei Stunden sichtbar, sondern bei uns braucht es teilweise Jahre. Da sehe ich durchaus ein Einfallstor für die Suche nach narzisstischer

Bestätigung, einen Hunger nach dankbaren Blicken. Wieder bleibt uns nichts anderes übrig, als dem ganz aktiv und professionell zu begegnen und dies zu begrenzen, und zwar möglichst mit den Kolleginnen und Kollegen. Je mehr man sich den Wunsch nach Bestätigung und Dankbarkeit zugesteht, desto weniger ist man in der Gefahr, ihn in der professionellen Beziehung auf Kosten des Patienten auszuleben.

SCHMIDBAUER Ja, ich finde es auch schade, wenn Analytiker ausschließlich in der eigenen Praxis »versauern« und nicht aktiv im Institut bleiben, sich nicht einmischen, einbringen und irgendetwas weitergeben von ihrem Wissen. Das wäre dieser traditionelle Schritt, dass man eine Zeit lang Geselle ist und irgendwann Meister wird, um jetzt diese gewonnene Meisterschaft an Unerfahrene weiterzugehen. Eine solche professionelle Entwicklung schützt vor Burn-out und vor Langeweile und Routine. Wer das eigene Wissen weitergibt, lernt dabei selbst sehr viel. Erfahrungen zu gestalten, sie aufzuschreiben, das ist eine kreative Arbeit, in der das eigene Ich das ganze Feld beherrschen darf, eine angenehme Abwechslung zur Therapie, in der es darum geht, für das Gegenüber da zu sein und sich auf dessen Bedürfnisse einzustellen. Ein zweites Arbeitsfeld, zum Beispiel die Supervision, hilft dann auch dabei, dass man immer wieder nachdenkt über das, was man macht – das ist doch sehr spannend.

QUINDEAU Das finde ich auch. Genau der narzisstischen Bedürftigkeit kann man damit begegnen, dass man sich ein anderes Feld sucht, in dem man sich betätigt und Wissen weitergibt und dann weniger bedürftig nach Dankbarkeit der Patientinnen ist.

Klienten erwarten von Therapeuten ein tiefes inneres Mitschwingen, eine innere Verbundenheit, die dann aber eben auch auf die emotionale Bedürftigkeit des Therapeuten treffen kann. Was ist das für eine innere Verbundenheit?

SCHMIDBAUER Es ist vor allem ein Gefühl, verantwortlich zu sein für das Wohlergehen, für die Entwicklung eines anderen Menschen, und das setzt voraus, dass man Vertrauen zueinander hat und Verständnis füreinander entwickelt – das ist, wenn Sie so wollen, eine »Verbundenheit«. Zwischen den Sitzungen fantasiere ich darüber, wie der Lebensprozess des Klienten weitergegangen ist. Sobald ich ihn dann wieder treffe, reichert sich das mit neuen Inhalten an. Es entsteht etwas wie eine eigene soziale Welt, auch wenn die Klientinnen und Klienten sich nicht gegenseitig kennen. Ich nehme die Geschichten in mich auf, bewahre sie, spiele etwas zurück in der Form, die mir wichtig erscheint, um einen Entwicklungsprozess anzuregen. Dabei kommt es auch zu Störungen, deren Bearbeitung quasi das Salz in der Suppe ist. Zum Beispiel bin ich vielleicht überzeugt davon, für alle Themen offen zu sein, während meine Analysandin findet, dass ich sie steuere und ihr bestimmte Themen verbiete.

Wenn man nun die Frage nach einem Zuviel an Nähe stellt, dann würde ich sagen, dass das situativ ist und von ganz vielen Faktoren abhängt. Das kann man schlecht generalisieren. Die erste Frage ist, ob es sich um ein gegengeschlechtliches oder um ein gleichgeschlechtliches Paar handelt, die zweite, wie groß der Altersunterschied ist. Eine Übertragung ist ja nicht völlig blind, sondern die schaut genau hin und entwickelt sich entlang dessen, was sie sieht. Es war ein Freud'scher Traum, dass der Analytiker sozusagen ein wohlgeschliffener Spiegel ist und der Patient nur sich selbst darin sieht. Das ist eine dieser schönen Metaphern, die eine Struktur vermitteln, die aber nicht völlig erfüllt werden kann.

QUINDEAU Ja, die Spiegelmetapher ist wirklich unzutreffend. Aber etwa bei den »Bemerkungen über die Übertragungsliebe« hat sich Freud auch ganz anders geäußert. Dort geht es nicht um den Spiegel, sondern um die Idee, dass sich durch die intime Situation in der Therapie regelhaft auch Liebesgefühle einstellen müssen. Wie heftig und wie bewusst, das ist, glaube ich, sehr unterschiedlich von Patient zu Patient. Aber es ist durchaus etwas ganz Regelhaftes und »Normales«, was in jeder analytischen Beziehung auftritt. Ich würde die »innere Verbundenheit«, nach der Herr Britten fragt, »Intimität« nennen, was eben auch eine körperlich-sinnliche Dimension hat.

Das ist ja auch ein Punkt, der den jungen Kolleginnen und Kollegen in der Ausbildung viel Sorge macht, wenn solche Liebesgefühle bei Patientinnen auftreten: »Um Gottes willen, jetzt habe ich etwas falsch gemacht.« Ich denke dann, dass das Gegenteil der Fall ist. Schließlich begann die Geschichte der Psychoanalyse mit der Entdeckung der Übertragungsliebe. Josef Breuer flüchtete bekanntlich »in konventionellem Entsetzen« vor der imaginären Schwangerschaft seiner Patientin Anna O. Er konnte damals noch nicht sehen, dass sich solch eine Liebe in der Übertragung regelhaft einstellt und jede Therapiestunde – wie Michel De M'Uzan das so treffend in »Die Analysestunde« formulierte – zu einer »erogenen Zone« macht.

Es ist allerdings eine Frage der Resonanz, wie man darauf reagiert. Es wäre sogar ein ziemlicher Kunstfehler, wenn man nichts spüren würde, wenn man sich irgendwie so narzisstisch abschottet, dass da keine Schwingungen ankommen. Natürlich stellt sich dann die Frage, wie man mit diesen Schwingungen umgeht. Aber das Vorkommen solcher Gefühle halte ich für völlig normal. Und die Liebesgefühle können regelhaft auf beiden Seiten auftreten, aufseiten des Therapeuten ebenso wie aufseiten der Patientin. Auch da ist es wichtig, sie wahrzunehmen und nicht einfach zu verleugnen aus Scham oder Angst, etwas falsch gemacht zu haben.

Das ist meiner Ansicht nach das Haupteinfallstor für Missbrauch. Freilich erfordert der Umgang mit eigenen Liebesgefühlen den Patientinnen gegenüber, insbesondere wenn sie länger anhalten, zunächst eine große Offenheit sich selbst gegenüber, die man hoffentlich in der eigenen Analyse während der Ausbildung auch erworben hat. In diesem Reflexionsprozess können die eigenen Gefühle verstanden werden und erhalten einen Sinn innerhalb des Analyseverlaufs. Sie können aber auch auf eine eigene narzisstische Bedürftigkeit aufmerksam machen. Eine solche eigene Bedürftigkeit ist zunächst nicht weiter schlimm, sie kann bei jedem auftreten, allerdings darf sie keinesfalls agiert werden. Daher stehe ich Ansätzen auch kritisch gegenüber, die dazu raten, den Patientinnen die eigenen Liebesgefühle mitzuteilen. Davon würde ich unbedingt abraten. Das sollte man mit sich selbst ausmachen oder mit vertrauten Kolleginnen in der Inter- oder Supervision.

Erotik und Sexualität

»Erotik und Sexualität gehören seit jeher zu den schwierigsten Themen in jeder Psychoanalyse. […] Es fehlt an praktikablen und lehrbaren Konzepten für den angemessenen und entwicklungsfördernden Umgang mit Sexuellem im analytischen Prozess.«

Nach: C. Braun, L. Otscheret (2004). Sexualitäten in der Psychoanalyse. Entwicklungstheorie und psychotherapeutische Praxis. Frankfurt a. M.: Brandes & Apsel. S. 63.

Welche Mechanismen haben wir, um in diese Nähe hineinzugehen, sie bewusst auch zu fördern, damit der Patient verstanden wird und sich verstanden fühlt?

SCHMIDBAUER Ich finde, es ist wirklich etwas dran an der These, dass die Gegenübertragung der Übertragung vorausgeht. Es ist ja auch viel einfacher und naheliegender für den Therapeuten, Gefühle zuzulassen, Interesse und Zuwendung zu produzieren, weil er weniger abhängig ist als der Patient. Er interessiert sich für den Menschen, der da vor ihm sitzt oder liegt, und hat keinen Problemdruck. Wir dürfen ja nicht davon ausgehen, dass sich Menschen primär für ihre eigenen Gefühle, für ihre Fantasien, für ihre Familiengeschichte interessieren. Dieses Interesse kann aber geweckt werden, gerade wenn beispielsweise ein psychosomatisch Kranker anfangs gar nicht versteht, dass er über seine Emotionen oder Kränkungen sprechen soll. Anfangs interessiert sich der Analytiker für die Beziehung, die der Kranke aufnimmt, während der Kranke auf sein Leiden fixiert ist und möchte, dass der Helfer es zum Verschwinden bringt.

QUINDEAU Die These, dass die Gegenübertragung der Übertragung vorausgeht, finde ich auch überzeugend. Der französische Psychoanalytiker Jean Laplanche sagt in »Neue Grundlagen für die Psychoanalyse«, dass die Übertragung vom Analytiker provoziert wird. In seinen Worten geht die Verführung immer vom Analytiker beziehungsweise von der Analytikerin aus. Das beginnt bereits mit dem Angebot an einen Patienten, eine Analyse oder eine Therapie beginnen zu können. Das ist sozusagen die therapeutische Urverführung – und das bringt dann alles ins Rollen.

Als Analytikerin habe ich ein Interesse an der Person und wende mich ihr zu, darauf wiederum antwortet der Patient mit seiner Zuwendung. Ich finde diese Umkehrung ganz hilfreich, weil sie die Beziehung verdeutlicht. Es ist nicht immer unbedingt die Patientin oder der Patient, der mit der Übertragungsliebe kommt, sondern diese geht erst einmal von der anderen Seite aus. Die therapeutische Beziehung wird in dieser Hinsicht analog zur Beziehung von Mutter und Kind betrachtet. Auch dort geht die Liebe erst einmal von der Mutter aus und das Kind antwortet mit seiner Liebe darauf.

SCHMIDBAUER Der Patient will, dass es ihm besser geht. Der interessiert sich für den Analytiker ja gar nicht. Er will, dass der etwas macht und dass ihm das hilft, und zwar möglichst schnell und möglichst ohne Umstände. Die Beziehungsgestaltung zwischen beiden ist dabei bereits ein »Umstand«. Es handelt sich also um eine Art Erziehungsprozess – das Wort »Verführung« … na ja, es steht so in der analytischen Tradition, dass man zuerst mal den krassesten Begriff verwendet, den man findet.

QUINDEAU Ja, der Verführungsbegriff sorgt vielleicht schon für einige Verwirrung, aber er macht etwas Wichtiges deutlich. Verführung ist ja etwas anderes als Erziehung. Erziehung ist intentional und zielgerichtet; man hat eine mehr oder weniger klare Idee davon, wohin es gehen soll. In der Analyse ist das offener. Da schaut man erst mal, was sich daraus entwickelt. Aber das Wort »Verführung« wäre Ihnen zu krass?

SCHMIDBAUER Nein, im Gegenteil, ich empfinde das sehr anschaulich. Es sind verschiedene Anteile der Beziehung. Mir persönlich gefällt die Bezeichnung, die Gegenübertragung gehe der Übertragung voraus, besser. Und Freud hat das ja auch gesehen. Der Therapeut muss erst einmal Überzeugungsarbeit leisten, dass jemand von sich zu erzählen beginnt. Da kommt jemand her und sagt, er könne nicht mehr aufhören, sich die Hände zu waschen, und wir reagieren mit der Aufforderung, der solle jetzt mal aus seinem Leben erzählen, von seiner Geschichte und wann das alles denn angefangen hat. Das ist letztlich schon eine Art der Verführung. Wir sind diejenigen, die dem Klienten anbieten, mit uns einen bestimmten Weg zu gehen, und ihn von dem Weg abbringen, den er eigentlich beschreiten wollte. Also, wir laden ein: Komm doch hier in mein Wirtshaus, ich bewirte dich gut.

QUINDEAU Man kann sagen, dass das wirklich eine grundlegende Erschütterung ist, eine Auflösung von dem, was jemand ursprünglich mal wollte. Er will seine Sorgen loswerden, aber wir sagen:»Moment, erzählen Sie doch zuerst mal Ihre Lebensgeschichte.« Das ist eine Einladung, die völlig jenes Programm durcheinanderbringt, mit dem jemand in die Therapie kommt.

SCHMIDBAUER Darum sind auch die Lehranalysen so kompliziert. Da braucht man jemanden nicht zu verführen, denn der ist ja schon vorprogrammiert und eher verängstigt, dass er gar kein richtiger Patient und kein richtiger Analysand ist. Mit der Übertragung ist es dann natürlich auch ziemlich schwierig, weil er ja weiß, dass er eine haben muss und haben wird. Das ist eine viel komplexere Situation.

QUINDEAU Ja, das würde ich auch denken. Und ich glaube, es fängt dann an, gut zu werden, wenn derjenige begreift, dass er in dieser Hinsicht auch ein »normaler« Patient ist, dass er sich also verführen lässt, weil das die Idee ist, dass die Analyse eben nicht zielgerichtet ist, nicht zweckgerichtet. In dem Moment, in dem die Analyse einem Zweck unterworfen wird, ist sie eigentlich schon gescheitert.

> **Gegenübertragung in einem verführerischen Vorgehen**
>
> »Der Analytiker, der sich frei genug fühlt, die eigenen sexuellen Gefühle gegenüber der Patientin ausführlich zu erkunden, wird in der Lage sein, die Natur der Übertragungsentwicklungen einzuschätzen und dadurch eine abwehrende Leugnung seiner eigenen erotischen Reaktion auf die Patientin zu vermeiden. Gleichzeitig muss er frei genug sein, die Übertragungsliebe zu erkunden, ohne seine Gegenübertragung in einem verführerischen Vorgehen bei der Übertragungsuntersuchung auszuagieren.«
>
> Nach: O. Kernberg (1994). Das sexuelle Paar: Eine psychoanalytische Untersuchung. Psyche – Zeitschrift für Psychoanalyse und ihre Anwendungen, 48 (6), 815 f.

Sie beide haben es angesprochen: Diesen Prozess mit »Verführung« zu beschreiben sorgt für reichlich Irritationen. Frau Professorin Quindeau, warum riskieren Sie ihn dennoch, wenn Sie doch wissen, was Sie sich damit einkaufen?

QUINDEAU Ich denke nicht, dass ich damit etwas riskiere. Bei der Verführung handelt es sich ja keineswegs um einen Übergriff. Im Gegenteil bin ich fest davon überzeugt, dass die Gefahr, übergriffig zu werden oder den Patienten zu missbrauchen, weit geringer ist, wenn man sich des konstitutiven, in der Situation selbst liegenden Verführungscharakters bewusst ist. Oder andersherum: Wenn man so tut, als wäre das nicht der Fall, dann rutscht man schnell auch blind in die Problematik hinein. So ist es doch besser, es sichtbar zu machen und den Charakter dieser Beziehung aufzuzeigen. In der Tat bin ich darin ganz bei Freud, dass in jeder Beziehung eine sexuelle Dimension liegt. Das ist unbewusst einfach vorhanden, weil man das Unbewusste nicht ausschalten kann. Natürlich kommt das sehr unterschiedlich zum Tragen oder meistens ja auch gar nicht, aber es ist da, das muss klar sein. Am Anfang einer analytischen Beziehung steht die gegenseitige Zuwendung – und das hat etwas sehr Schönes und Aufregendes, das ist der Honeymoon der Analyse …

SCHMIDBAUER   Ich finde das auch ganz wichtig, dass man sich für den Patienten attraktiv macht, dass man sich bemüht, ihn anzuziehen. Es ist richtig, sich nicht vor diesem erotischen Vokabular zu scheuen, weil ich denke, dass der beste Schutz vor Abstinenzverlust während einer Analyse eigentlich eine Begeisterung für das analytische Arbeiten selbst ist. Die Gefahr ist doch, dass man, um einer zu heftigen Leidenschaft zu entgehen, alle Leidenschaften bremst – so wie der Analytiker in der Karikatur. Das wäre, denke ich, kontraproduktiv. Der amerikanische Analytiker Leo Stone hat in »Die psychoanalytische Situation« den total distanzierten und neutralen Analytiker als »lackierten Blechaffen« bezeichnet. Drastisch, aber nicht verkehrt.

Freud war ein begeisterter Analytiker, aber er war begeistert für die Analyse selbst. Wenn man die Libido auf den analytischen Prozess lenkt, dann ist man erstens viel weniger irritierbar, als wenn man in die Haltung gerät: Die Analyse ist langweilig, wenn es jetzt Sex gibt, dann wird es spannender. Man sagt stattdessen eher: Die Analyse ist spannend und ich mache mir doch nicht meine spannende Analyse kaputt.

Ich will mal einen Vergleich wagen: Auch ich habe als Jugendlicher mit Drogen experimentiert, aber irgendwann habe ich mir gesagt: Ich mache doch nicht meinen Verstand mit irgendwelchen Trübungen kaputt, das macht ja überhaupt keinen Spaß. Ich schätze das Funktionieren des Intellekts so sehr, dass ich mir Drogen wie Alkohol, Haschisch oder LSD gar nicht »verkneifen«

muss, sondern ich finde den Konsum wenig attraktiv. Das wäre die ideale Überwindung der Verführung beziehungsweise die Vermeidung der Entgleisung dieser Verführung. Freud hat ja wunderbare Metaphern und berichtete öfter die Geschichte mit dem Spaßvogel, der beim Hunderennen Würste auf die Rennbahn warf und dadurch die Hunde verführte, sich mit diesen Würsten zu beschäftigen und das höhere Ziel zu vernachlässigen. So hat Freud das gesehen. Ich denke, das ist eine Sichtweise, die zeigt, dass es etwas Attraktiveres geben muss, um nicht der kurzfristigen Triebbefriedigung zu erliegen.

QUINDEAU Man kann die Abstinenz besser einhalten, wenn man weiß, wozu, und wenn man als Therapeutin weiß, dass die unbewusste sexuelle Dimension in jeder Therapie vorhanden ist beziehungsweise die therapeutische Beziehung geradezu konstituiert. Das scheint mir insbesondere für die jungen Kolleginnen und Kollegen in der Ausbildung wichtig, um der Verunsicherung entgegenzuwirken, die ja häufig mit Liebesgefühlen verbunden ist. Die Abstinenz ist eine Forderung an die Analytikerinnen, aber auch Freud hat das teilweise den Analysandinnen auferlegt.

SCHMIDBAUER Ja, beiden.

QUINDEAU Ich würde die Abstinenz schon eher auf der Seite des Analytikers positionieren. Die Analysandinnen müssen die Freiheit haben, sie auch infrage zu stellen. Wichtig ist, dass wir Therapeutinnen die Abstinenz halten. Wenn man begreift, dass die sexuelle verführerische Dimension dem analytischen Prozess inhärent ist, dann kann man auch anders damit umgehen, dann kann ich das auch anders für mich selbst begrenzen. Die gleichschwebende Aufmerksamkeit und die Haltung des Analytikers in diesem Raum sind bestimmt durch die Abstinenz. Wenn Freud davon spricht, dass die Kur in Abstinenz geführt werden muss, dann ist Abstinenz nichts Negatives. Es hat nichts mit Askese, Verbot oder Verzicht zu tun, sondern ist Bedingung für die Möglichkeit, Liebesgefühle überhaupt spüren und ihnen nachgehen zu können. Es geht dabei immer um die Bedürfnisse des Analysanden und nicht des Analytikers. Die Abstinenz schafft also erst jenen Raum, in dem sich die Liebesgefühle entfalten können, weil sie nicht von der konkreten Umsetzung bedroht sind, die die Analyse zerstören würde.

SCHMIDBAUER Sobald man über diese Freisetzungen auch sexueller Wünsche spricht und ihr Zustandekommen erklärt, ist das ein viel wirksamerer Schutz, als wenn man versucht, das Thema zu vermeiden. Das ist der Unterschied zwischen einem professionellen Umgang und dem alltäglichen Umgang. Im Alltag denken viele Menschen, den Suizidalen dürften sie nicht auf seine Selbsttötungsfantasien ansprechen, sonst bringe er sich am Ende noch um. Professionell ist es, wenn man sie anspricht. So ähnlich, würde ich sagen, ist das auch mit den sexuellen Fantasien – und dann ist eben auch klar, dass sie nicht verwirklicht werden.

QUINDEAU Das würde ich auch denken. Es hat etwas Performatives: Man spricht darüber, dass sie da sind, die Verführungssituationen, aber eben in Form der Sprache. Hat man sich darüber erst einmal verständigt, dann lässt der Wunsch zur Verwirklichung auch schon nach. Das mag manchem paradox erscheinen, weil das im Alltag oft anders läuft, aber genauso funktioniert es in der Therapie. Vielleicht flackert immer wieder mal ein sexueller Wunsch auf, meinetwegen auch ein direkt körperlicher Wunsch eines Patienten, mit der Analytikerin ins Bett zu gehen, aber in dem Moment, indem man darüber spricht und sich fragt, was das zu bedeuten hat, ist es sehr viel wichtiger, der Bedeutung nachzugehen, als es tatsächlich zu tun.

Entgegen der Realisierung dieses Wunsches nach konkreter Sexualität geht es um die Bedeutungen dieses Wunsches für die analytische Beziehung, die es ermöglicht, darüber zu reden, wie sich das anfühlt. Der Analysand hat dann die Möglichkeit, das zu spüren, und merkt, dass dieser Wunsch gut aufgehoben ist, dass er beispielsweise ganz und gar nicht lächerlich ist. So wie möglicherweise in der ödipalen Situation, in der der Sohn fürchtet, die Mutter nicht zufriedenstellen zu können, und Angst hat, dass sie sein Begehren lächerlich findet. Man kann in der analytischen Situation die Erfahrung machen, dass der Wunsch eben nicht unangemessen ist, sondern dass er berechtigt ist, dass er einen Raum hat, dass man über ihn sprechen kann und dass es nicht darum gehen kann, den Wunsch zu realisieren.

Die Einsicht, dass die ödipalen Wünsche nicht zu realisieren sind, halte ich für zentral. Darin liegt der strukturbildende und – wenn Sie so wollen – heilsame Aspekt einer Psychoanalyse. Das Begehren einem Elternteil gegenüber wird in der Übertragung aktualisiert und zumeist auch unmittelbar körperlich spürbar. Indem es in der analytischen Beziehung thematisiert werden kann, erfährt es eine Form von Anerkennung, die den häufig mit dem ödipalen Begehren verbundenen Größenfantasien einerseits und Kleinheits- und Schamgefühlen andererseits entgegenwirkt und Entlastung bringt. Aufgrund dieser wichtigen strukturbildenden Funktion der ödipalen Fantasien würde sich eine Realisierung der sexuellen Wünsche psychisch verheerend für den Patienten auswirken, da seine Omnipotenzfantasien Realität würden und die Differenz zwischen den Generationen eingeebnet würde. Darin liegt der massiv traumatisierende Charakter des sexuellen Missbrauchs in der Psychotherapie.

> **Performativer Überschuss**
>
> »So zutreffend es ist, dass der leiblich-gestische Beziehungsmodus im Prägenitalen wurzelt [...], so geht doch die Vorstellung fehl, dass sich das Zwischenleibliche in der analytischen Situation nur im frühen Modus, nicht aber auch auf der Ebene ödipaler Konflikthaftigkeit und reiferer Beziehungsanteile als performativer Überschuss in Szene setzen würde.«
>
> Nach: J. Scharff (2010). Die leibliche Dimension der Psychoanalyse. Frankfurt a. M.: Brandes & Apsel. S. 12.

Übertragungsliebe und Widerstand

Sie haben die Wichtigkeit der Bedeutungsgebung angesprochen und damit die Funktionalität des Wunsches nach Körperlichkeit.

SCHMIDBAUER Ja, der Wunsch ist zu kontextualisieren, und dabei muss herausgefunden werden, was vermieden wird dadurch, dass dieser Wunsch jetzt auf einmal in den Vordergrund rückt. In der Regel geht es darum, sich die eigene Liebesfähigkeit zu beweisen, und zwar noch bevor man eine andere Gelegenheit dafür findet, um also die Unsicherheit zu verkürzen, ob man selbst überhaupt jemanden lieben kann. Es ist ja paradox: Wenn die Patientin den Analytiker wirklich lieben würde, dann würde sie in der Analyse »arbeiten«, um ihm zu gefallen und um etwas Gutes für ihn zu tun. Aber sie will ihn ja abbringen von dieser Arbeit. Sie will ihn eigentlich ablenken und letztlich diesen Prozess stören.

QUINDEAU Es kommt immer ganz auf die Persönlichkeitsstruktur an. Eine Übertragungsliebe oder auch nur der Wunsch nach sexueller Nähe zum Analytiker oder zur Analytikerin kann ein Widerstand sein, der die Analyse stört. Ich würde sagen: Der Widerstand nutzt die Übertragungsliebe, aber er erschafft sie nicht. Man sieht diese Form von Liebesgefühlen gut bei Analysanden mit Persönlichkeitsstörungen, da kommen sie ja teilweise sehr heftig vor. Da nutzt der Widerstand die Liebesgefühle.

SCHMIDBAUER Diesen Gedanken, dass der Widerstand nicht die Ursache der Übertragungsliebe ist, möchte ich unterstreichen, denn er bringt uns dazu, die Liebe positiv zu sehen und sie als eine urtümliche Kraft zu respektieren, die einfach sein darf und weder realisiert noch unterdrückt werden muss.

QUINDEAU Die Vorstellung, dass die Übertragung und insbesondere die Übertragungsliebe ein Widerstand gegen das

Bewusstwerden schmerzlicher Erinnerungen ist, findet sich ja schon in der Psychoanalyse Freuds. Übertragung wurde damals als »falsche Verknüpfung« betrachtet, die damit verbundenen Gefühle richteten sich eigentlich nicht an den Analytiker, sondern an die primäre Bezugsperson aus Kindertagen. Mir scheint diese Sichtweise nicht wirklich plausibel, sie dient wohl eher der Beruhigung des Analytikers und soll ihm vielleicht den Umgang damit erleichtern. Die »Zwei-Personen-Psychologie« hat zu einem veränderten Übertragungsverständnis beigetragen und betont die Momente »realer« Interaktion in der analytischen Beziehung. Die Übertragung ist nicht nur Projektion, sondern heftet sich an bestimmte, reale Aspekte in der Person des Analytikers. Insoweit lässt sich die Übertragungsliebe durchaus als Form »realer« Liebe verstehen. In Analysestunden, in denen erotische und sexuelle Gefühle zugelassen werden, können intensive körperliche Empfindungen sowie der Wunsch nach Nähe, Übereinstimmung und Verschmelzung entstehen.

Liebesgefühle können damit auch etwas Positives zum Ausdruck bringen. Ich finde es wichtig, diesen Aspekt zu sehen und erst mal auf die Zuwendung zu schauen und danach auf den Widerstand. Die ödipale Liebe des Kindes ist ja schließlich nicht in erster Linie Widerstand, sondern zunächst einmal Liebe. Und diese Liebe taucht in Analysen auf, sofern sie gut laufen – in welcher offenen oder verdeckten Form auch immer. Und wie jede Liebe ist sie ambivalent und erzeugt Konflikte. Der Ödipuskonflikt ist einer der prominentesten und mit dem kann man dann eben auch arbeiten. Häufig wird die Übertragungsliebe in der Literatur problematisiert, aber gegen die Liebesgefühle ist ja erst mal nichts einzuwenden, sie sind eben nur nicht umsetzbar. Das spiegelt genau die Situation, die die Patientinnen im Alltag erlebt haben, höchstwahrscheinlich mit ihren Bezugspersonen, mit den Eltern oder wem auch immer. Und damit sind wir ja dann mitten »im Geschäft«.

SCHMIDBAUER Ich glaube, dass die Übertragungsliebe sehr oft ein Schutz vor Ängsten ist. Erotische Erregung ist ja ein probates Mittel gegen Angst. Wenn sich jemand in der Analyse mit diesen erotischen Fantasien beschäftigt und den Analytiker einbezieht, dann ist das eigentlich ein Versuch, um tiefe Ängste unter Kontrolle zu bringen, zum Beispiel Verlustängste. Es kann sich dabei um Ängste handeln, die Analyse abbrechen zu müssen oder dass der Analytiker einen verlässt, dass er einen verstößt. In solchen Situationen wird die therapeutische Beziehung oft ganz intensiv sexualisiert.

QUINDEAU Sie betonen jetzt den negativen Aspekt der Übertragungsliebe, den Widerstand, der natürlich auch immer wieder zu beobachten ist und eine wichtige Rolle spielt. Diagnostisch ist es von hoher Bedeutung, zu unterscheiden, ob es sich um einen Konflikt oder um Abwehr handelt. Leider ist das nicht immer einfach – gerade am Anfang von Analysen. Dann kann es hilfreich sein, beide Hypothesen im Auge zu behalten. Nach meiner Erfahrung taucht eine solche Sexualisierung von Ängsten allerdings nicht gleichermaßen bei allen Analysanden auf, sondern ist meist schon spezifischer mit Persönlichkeitsstörungen oder Traumatisierungen verbunden – etwa im Zusammenhang mit sexuellem Missbrauch in der Kindheit. In diesen Fällen bekommt die Sexualisierung eine existenzielle, fast überlebenswichtige Bedeutung, weshalb sie auch so heftig und intensiv ist. Das fühlt sich dann auch in der Gegenübertragung anders an als eine ödipale Übertragungsliebe, die zwar ebenfalls heftig sein kann, aber einen viel weniger verzweifeln lässt und einem mehr Raum bietet.

SCHMIDBAUER Ich finde in der Angstminderung durch Liebe nichts Negatives. Die ist doch existenziell, die beobachten wir schon bei Kindern, die in den Arm genommen werden wollen, wenn sie sich fürchten. Und es ist auch nachvollziehbar, dass während der Kindheit sexuell missbrauchte Analysandinnen besonders intensive, manchmal agierte Fantasien entwickeln, um ihre Verlustangst in der Analyse durch sexuelle Nähe zu bekämpfen. Das bringt den Analytiker unter Druck – einerseits ist es ja seine Aufgabe, Ängste zu mildern, andererseits soll er die Patientin halten und trösten können, ohne sich auf reale Erotik einzulassen.

QUINDEAU Ja, man kann auch sehen, dass die sexualisierte Übertragung eine wichtige Bewältigungsfunktion besitzt. Bereits Robert Stoller macht in »Perversion. Die erotische Form von Hass« darauf aufmerksam, dass im sexuellen Erleben und Handeln frühe traumatische Erfahrungen, Ängste, Versagungen und Zurückweisungen in Szene gesetzt werden. Sexuelle Aktivitäten dienen der Bewältigung dieser Erfahrungen. Das Trauma soll in Lust umgewandelt und auf diese Weise besiegt werden. Dies gilt übrigens nicht nur für sogenannte Perversionen, sondern auch der »normalen« Sexualität ist immer ein »Hauch von Feindseligkeit« beigemengt.

Ich möchte noch mal auf den Punkt der Sexualisierung kommen: Sexualisierung ist eine Form der Abwehr, mit der ein unerträglicher Zustand vermieden werden soll, ein Verlust beispielsweise. Aber wenn wir von Verlustangst sprechen, dann ist ja die Frage, was der Patient zu verlieren fürchtet. Am meisten fürchten wir, dass wir einen geliebten Menschen verlieren. Übertragen wir das strukturell mal auf die Kindheitssituation, dann fürchten wir, Mutter oder Vater zu verlieren oder von ihnen verstoßen zu werden, also von den wichtigsten Personen für das Kind. Auf sie richtet sich die kindliche Liebe, und diese Liebe hat, jedenfalls nach meinem Verständnis, immer auch eine sexuelle Dimension – »sexuell« natürlich immer verstanden in der breiten Definition, wie Freud sie in den »Drei Abhandlungen zur Sexualtheorie« beschrieben hat.

SCHMIDBAUER Das Kind ist aber auch, gerade wenn es verletzt wird, sehr wütend auf die Eltern. Wenn sich diese Wut und die damit verbundenen Aggressionen auf den Analytiker richten, dann ist diese starke erotische Übertragung auch ein Mittel, um eben diese Aggressionen und die damit verbundenen Ängste, verstoßen zu werden, zu neutralisieren.

Quindeau Die Frage ist natürlich, was man unter »Aggressionen« versteht. Wenn man Aggressionen als Reaktion im Sinne einer Frustrationsbewältigung versteht, zum Beispiel wenn man mit Liebesbedürfnissen zurückgewiesen worden ist, dann ist das anders, als wenn man denkt – wie die Kleinianer zum Beispiel –, dass das etwas ist, was als angeborene Qualität in den Menschen steckt.

Schmidbauer Wobei wir das nicht polarisieren dürfen. Ich würde sagen, es ist ein Sowohl-als-auch. Wir könnten bei Frustrationen nicht aggressiv reagieren, wenn die Möglichkeit zur Aggression nicht in uns stecken würde.

Quindeau Ja, aber ist das deshalb eine Sexualisierung oder vielleicht eher … ja, was?

Schmidbauer … eine primäre Liebe?

Quindeau Ich würde an der Stelle gerne einen Unterschied zeigen: Wenn wir uns den ganzen Diskurs über die Übertragungsliebe anschauen, dann findet man eigentlich durchgängig nach Freud etwas Negatives, und zwar in dem Sinn, dass das alles Abwehr oder Widerstand sei. Dagegen möchte ich gerne mit Laplanche argumentieren, dass das nicht angemessen ist, dass man diesen Widerstandscharakter …

Schmidbauer Aber ist Widerstand etwas Negatives? Ich finde das nicht. Den Widerstand zu sehen, ihn zuzulassen, ihn gut zu finden und dann zu differenzieren ist doch auch ein zentraler Aspekt von Zusammenarbeit und von Emanzipation. Der Analysand soll nicht glauben, er soll sich selbst überzeugen – und beide Beteiligten an der analytischen Situation können den Widerstand als Signalgeber für die Grenzen zwischen zwei unterschiedlichen Personen nutzen, die verschieden und auch fremd bleiben dürfen.

Steve de Shazer hat mal geschrieben, »Widerstand« gebe es gar nicht, sondern es handle sich dabei um ein unpassendes Angebot des The-

rapeuten, das der Klient ablehne oder nur für sich passender zu reformulieren versuche.

QUINDEAU Na ja, es ist die Frage nach der Perspektive. Wenn ich sage, dass sich über die Übertragungsliebe der Konflikt zeigt, dann ist das doch anders, als wenn ich sage, dass die Übertragungsliebe den Konflikt verdeckt. Das ist doch Widerstand. Widerstand heißt: Ich verdecke etwas, ich schütte etwas zu und ich mache ein anderes Register auf, um wegzukommen vom Konflikt. Deshalb meine ich, dass hier eine Differenzierung nötig ist.

SCHMIDBAUER Verdecktes ist ja auch etwas Negatives. Es ist besser, wenn die Sachen sichtbar sind, und verdeckt ist dann nicht so gut wie sichtbar. Da sieht man wieder, wie schwer es ist, so einen analytischen Prozess in Begriffe zu fassen. Ich finde es jedenfalls problematisch, wenn Widerstand immer nur negativ betrachtet wird, denn das ist auch ein ganz wichtiger Teil unserer Person. Wenn man in der analytischen Situation damit umgeht, dass so eine erotische Übertragung nun mal aufgetreten ist, dann ist es wichtig, dass man das einerseits akzeptiert, also so stehen lassen kann, andererseits ist es wichtig, herauszufinden, wann und in welcher dynamischen Situation sie aufgetreten ist.

QUINDEAU Absolut. Da bin ich bei Ihnen. Aber es ist für mich ein Unterschied, welche Funktion die Übertragungsliebe einnimmt. Ob sie eingesetzt wird zur Bewältigung von Angst oder Konflikten – also Widerstand ist – oder ein Ausdruck von Zuneigung, die zu Konflikten führt wie etwa der ödipalen Liebe. Als Widerstand ist die Übertragungsliebe nur ein Vehikel. Vielleicht können wir uns insoweit verständigen, dass es in jedem Fall etwas ist, was als diagnostisches Instrumentarium genutzt werden sollte, und zwar in der Art, dass man genau analysiert, welche Funktion sie an welcher Stelle hat.

SCHMIDBAUER Letztlich kann man das ohnehin nur zusammen mit dem Patienten klären.

QUINDEAU Ja, klar.

SCHMIDBAUER Und irgendwann kommt man dann darauf, dass es ein Widerstand oder eben kein Widerstand war. Die analytische Szene ist wie so ein Topf, in dem es brodelt und in dem immer wieder verschiedene Dinge hochkommen. In welchem Verhältnis die zueinander stehen, das weiß keiner, ob da ein Zusammenhang besteht oder ob es autonom auftauchende Dinge sind, die keinen Zusammenhang haben. Letztlich müssen wir uns ja mit dem Patienten darüber verständigen. Er muss entscheiden, ob er etwas als genuin empfindet oder ob er etwas innerlich erlebt, um vor etwas anderem auszuweichen. Das ist der einzige Weg, wie wir zu so etwas wie »Wahrheit« kommen.

QUINDEAU Wichtig ist in dem Moment, in dem man miteinander darüber spricht, ob eine Resonanz beim Patienten eintritt oder nicht. Das ist der Punkt, weswegen ich mit dem Widerstandsbegriff meine Schwierigkeit habe, weil schon die Idee, die Psychoanalyse sei eine »Widerstandsanalyse«, beinhaltet, dass ich daran arbeite, dass sich dieser Widerstand auflöst. Das ist mir zu negativ formuliert.

SCHMIDBAUER Die Grundregel lautet doch: Die Übertragung wird bearbeitet, wenn sie zum Widerstand geworden ist. Als Selbstzweck muss man sie ja nicht bearbeiten. Es wäre künstlich, wenn der Patient den Eindruck hat, der Analytiker bringe immer Übertragungsthemen ein, die ihm selbst gar nicht naheliegen, nur weil …

QUINDEAU Da haben Sie völlig recht, dass das sinnlos wäre. Die Übertragungsdeutung ist ja gerade wirksam durch ihre unmittelbare Evidenz. Freud hat das pointiert auf den Punkt gebracht mit dem Satz, dass man jemanden nicht »in effigie erschlagen« könne. Das klingt zwar etwas martialisch, macht aber anschaulich, dass die Deutung immer das gegenwärtige Erleben des Analysanden ansprechen muss. Und wenn eine Übertragungsliebe aufkommt, dann würde ich das schon ansprechen, vielleicht nicht immer direkt und sofort, aber man kann es ja nicht nicht ansprechen.

Deswegen würde ich sagen, dass ich das nicht nur in jenem Fall thematisiere, wenn ich denke, dass das ein Widerstand ist.

SCHMIDBAUER Na ja, ich muss nicht, aber ich spreche es an, wenn mir daran irgendetwas auffällt, von dem ich denke, dass es den analytischen Prozess oder die Selbsterkenntnis des Patienten fördern würde, aber nicht, wenn es zum Beispiel nur meinen eigenen Bedürfnissen dienen würde. Wir müssen nichts »prophylaktisch« ansprechen, weil wir befürchten, dass es zu sehr anwachsen könnte oder »gefährlich« werden könnte.

QUINDEAU Ich denke weniger an eine Gefahr als vielmehr an ein Versäumnis. Das erlebe ich immer wieder bei Fallbesprechungen, dass man aus Angst oder Unsicherheit dazu neigt, Liebesgefühle in der Übertragung eher nicht anzusprechen. Das ist nicht ganz unproblematisch, denn es kann beim Analysanden als mangelnde Resonanz ankommen und Schamgefühle verstärken.

Nicht immer kommt die Übertragungsliebe in direkter, unvermittelter Weise zum Ausdruck. Weit häufiger sind sublimierte Ausdrucksformen, insbesondere in gleichgeschlechtlichen therapeutischen Beziehungen, aber auch bei großem Altersunterschied, etwa bei jüngeren Männern einer älteren Therapeutin gegenüber. In solchen Konstellationen verhindert häufig die Scham eine direkte Liebesäußerung und lässt sie unbewusst bleiben. Die Übertragungsliebe zeigt sich dann etwa in der besonderen Freude, mit der ein Analysand in die Stunde kommt, oder im sehnsüchtigen Vermissen der Stunden am Wochenende oder in den Ferien. Die Liebesgefühle teilen sich in diesen Fällen dann in der Gegenübertragung mit. Als weitere Hinweise können auch ein vermehrtes Interesse an der Person der Analytikerin und ihrem Privatleben oder auch Eifersucht anderen Analysandinnen gegenüber betrachtet werden. Manchmal fällt mir auch auf, dass sich jemand auf einmal betont sorgfältig kleidet oder Parfum auflegt. Auch dies können Hinweise auf eine erotische Übertragung sein, die ich allerdings erst einmal nicht deuten würde, aber schon weiter beobachte.

Die Liebe wächst zur therapeutischen Zusammenarbeit

Ich möchte auf das Stichwort »Einladung« zurückkommen: Machen Männer als Therapeuten denn eigentlich andere Einladungen für die Nähe als Therapeutinnen?

SCHMIDBAUER Vermutlich ja. Ich erinnere mich an eine Geschichte, in der eine junge Analytikerin in Ausbildung ihrer Ausbilderin von einer Therapiesituation berichtete und dabei erwähnte, sie habe ein T-Shirt getragen, auf dem vorne auf der Brust »Choose life« stand. Die Ausbilderin sagte ihr darauf, dass sie so etwas auf gar keinen Fall anziehen solle. Das sei zu leicht als eine Einladung an Männer zu verstehen.

Da gibt es also Unterschiede, das steht Männern so nicht zur Verfügung.

Och, da müsste dann »Draufgänger« auf dem T-Shirt stehen.

SCHMIDBAUER Na ja, jedenfalls fällt man ja auch nicht als Analytiker vom Himmel, sondern man hat seine Geschichte und seine Sozialisation, und die tragen natürlich zum eigenen Sozialverhalten bei. Je nachdem, wie wir als Individuen sind, gehen wir auch erst mal mit den Patientinnen und Patienten um. Es gibt keine spezielle analytische Kleidung und keinen speziellen analytischen Habitus, sondern jeder hat seinen Habitus, den er mitbringt. Das zu betonen finde ich letztlich gerade auch in Supervisionen wichtig. Das Angebot, das Analytiker ihren Patienten machen, sollte möglichst viel von ihrer Persönlichkeit behalten.

Ein Beispiel von mir dafür ist ein Kinderarzt, der parallel die analytische Ausbildung absolvierte: Der hatte eine Analysepatientin, die ihn bereits aus seiner Kinderarztpraxis kannte und mit großem Befremden darauf reagierte, wie anders er sich in seiner analytischen Rolle verhielt. Jetzt trat er überhaupt nicht mehr als der freundliche Kinderarzt auf, der auch mal einen Scherz machte, der auch mal fragte, wie es denn zu Hause ginge, und sich dabei völlig »natürlich« verhielt. Sie war jetzt seine Analysandin, und er behandelte sie mit dem, was er als »abstinent« meinte gelernt zu haben. Er erklärte ihr das damit, dass sie jetzt seine Analysandin und er ihr Analytiker sei. Er war nun völlig zurückhaltend und ging überhaupt nicht mehr auf sie zu. Die Reaktion der Patientin beschrieb er mir als Widerstand. Das war jedoch kein Widerstand, sondern ein berechtigtes Befremden. Es wurde ein etwas mühsamer Prozess, ihn dazu zu bringen, dass er nicht denken solle, er müsse jetzt seine bisherige, bewährte Kinderarztrolle – er war als Kinderarzt sehr beliebt – ablegen und sich als Analytiker sozusagen wie Münchhausen selbst aus dem Sumpf seiner früheren Rolle ziehen. Sobald er zu seinem normalen Sozialverhalten zurückfand, verschwanden auch die angeblichen Widerstände.

Das ist ein etwas krasses Beispiel, aber ich denke, natürlich sind Männer und Frauen unterschiedlich in ihren Näheangeboten.

QUINDEAU Das ist vermutlich ein Beispiel, das leider gar nicht so selten ist. Sie hatten Leo Stone mit seiner Karikatur des Analytikers als »lackierten Blechaffen« ja schon erwähnt. Das ist so ein Missverständnis von Abstinenz, als dürfe nichts von der eigenen Persönlichkeit durchschimmern. Wir müssen nicht dem alten Bild eines Chirurgen entsprechen. Das funktioniert ja überhaupt nicht. Sobald jemand auch nur mein Therapiezimmer betritt, sieht derjenige ja schon, wie ich beispielsweise eingerichtet bin. Das allein verrät schon einiges von meiner Person – und das ist auch gut so, denn die eigene Person ist ja das einzige Instrument, das wir als Psychotherapeutinnen haben. Und natürlich wirkt sie in den analytischen Prozess hinein. Das stellt uns vor die Aufgabe, mit dem Analysanden zusammen herauszufinden, was das im Einzelnen für ihn oder für sie bedeutet.

Mit meinem Kollegen Frank Dammasch, der mit Kindern und Jugendlichen arbeitet, bin ich in dem Buch »Männlichkeiten« der Frage nachgegangen, was es bedeutet, dass wir als Mann oder als Frau hinter der Couch sitzen. Ich denke, dass die Persönlichkeitsstruktur des Einzelnen durch die Geschlechterrolle in unterschiedlicher, geschlechtsspezifischer Weise gebrochen wird. Ich glaube nicht, dass es dabei um etwas »Männliches« versus »Weibliches« geht, sondern es ist zunächst die Frage, wie sich die Persönlichkeitsstruktur zu der Rolle verhält. Häufig wird Psychotherapie als »weiblicher« Beruf bezeichnet. Nicht nur, weil er überwiegend von Frauen ausgeübt wird, sondern weil das Zuhören ja im Allgemeinen eher weiblich konnotiert ist, die »Passivität«, das Sich-Zurücknehmen. Das ist die eine Seite. Die andere Seite ist die machtvolle. Das hatten wir ja bereits angesprochen, das Machtgefälle.

Aber dann sind wir schon bei der analytischen Grundregel, dass Psychotherapie keine Alltagskommunikation darstellt. Ab dem Moment, in dem der Analysand auf der Couch liegt und ich dahinter sitze, passiert etwas anderes als in normalen Gesprächen. Dabei ist natürlich eine gewisse Zurückhaltung gar nicht schlecht, einfach aus dem Grund, weil das Analysieren schon schwer genug ist und einer hohen Konzentration bedarf, das heißt, alles, was ich zusätzlich von mir einbringe, beeinflusst die Analyse und verändert sie. Das ist letztlich auch ein Schutz für mich, wenn ich erst einmal abwarte und der Analysandin einen Raum gebe. Ich sortiere mich dann dazu. Ich sehe mir an, was das Übertragungsangebot ist und in welcher Weise ich da mitspielen kann in diesem imaginären Theater. Das betrifft natürlich noch nicht das Erstgespräch, da ist es anders.

SCHMIDBAUER Man tastet sich halt vor, würde ich sagen. Wenn der Analytiker zu wenig Anregungen gibt, ist es nicht gut, und wenn er zu viel Anregungen gibt, ist es auch nicht gut. Wenn er gar nichts von sich einbringt, fällt dem Patienten auch nicht so viel ein, und wenn er zu viel von sich einbringt, dann hat der Patient unter Umständen das Gefühl, es wird ihm was weggenommen. Es ist so wie beim Autofahren: Man fährt ja nicht von Anfang an die Ideallinie, sondern man fährt mal zu dicht an den Straßengraben und dann wieder zu dicht an die Gegenfahrbahn. So findet man allmählich den Kurs. Manche Patienten reden gerne und können farbig erzählen, da muss ich gar nicht viel beisteuern, andere tun sich wahnsinnig schwer, da muss ich viel Unterstützung geben, damit der Prozess in Gang kommt. Es kann eben auch sein, dass sich jemand nicht dafür eignet, auf der Couch zu liegen, weil er unbedingt ein Gegenüber braucht. Es lässt sich immer erst im Laufe der ersten Stunden herausfinden, ob das gut funktioniert oder nicht.

QUINDEAU Dafür gibt es ja die ersten probatorischen Sitzungen, bei denen man sehen kann, ob man gut zusammenarbeiten kann. Wichtig erscheint mir, dass man einfach ein gutes Gefühl bekommt – das gilt für beide Seiten. Es gibt Kollegen und Kolleginnen, die das kritisch sehen und sagen, sie könnten mit allen Menschen arbeiten. Das sehe ich nicht so. Ich glaube, das analytische Paar muss zusammenpassen. Meistens versuche ich das schon in der ersten Stunde einzuschätzen und schaue: Was deutet sich da an, gibt es etwas, woran ich andocken könnte, was verstehe ich von der Person? Aber auch umgekehrt: Kann die Person mit meiner Art, das Erzählte zu verstehen, etwas anfangen? Gibt es eine gegenseitige Resonanz, kommt etwas ins Schwingen, in Bewegung? Das scheint mir eine gute Arbeitsbasis, die dann natürlich im Fortgang differenziert werden muss.

SCHMIDBAUER Wobei ich es aber auch wichtig finde, dass man am Anfang deutlich ist und als Person für den Patienten fassbar wird, damit er für sich klären kann, ob er mit mir arbeiten mag oder nicht. Da ist das Stichwort »Verführung« wieder, das Werben. Das wird ja von uns explizit ausgesprochen, dass eben auch der Patient entscheiden muss, ob er mit uns arbeiten kann und will. In den weiteren Sitzungen muss sich das dann setzen, indem wir uns besser kennenlernen, um entscheiden zu können. Die Entscheidung über die gemeinsame Weiterarbeit müssen ja beide Seiten treffen. Der Patient muss wissen, ob er mit mir etwas anfangen kann. Je blasser der Analytiker bleibt, desto weniger fundiert kann vom Patienten aus eine Entscheidung getroffen werden.

Quindeau   Ja, man sollte dem Analysanden signalisieren, dass auch er eine Entscheidung darüber fällt, und nicht etwa denkt: »Bei der bist du gut aufgehoben, weil das eine Empfehlung war«, oder was auch immer. Es muss wirklich zu einer gemeinsamen Aufgabe werden, zu einer fundierten und geteilten Entscheidung zu kommen.

Schmidbauer   Das erscheint mir auch wirklich ein gravierendes Problem von Anfängern zu sein, insbesondere in der Ausbildung, dass die sich dieses Sich-Zeigen nicht trauen und dann letztlich auch die Patienten nicht so für sich gewinnen können. Das setzt ein gewisses Selbstvertrauen voraus, verführerisch für einen Patienten zu sein, ihn in die Analyse reinholen zu wollen. Sobald man Angst davor hat, dass der einem wegläuft, ist man schon nicht mehr so frei.

Dieses Problem kann auch nicht ich als Lehranalytiker für die Ausbildungskandidaten lösen, ich kann sie dabei lediglich unterstützen. Ich sage ihnen immer: Wenn man schließlich doch nicht gewählt wird vom Patienten, dann ist das ja eigentlich auch ein gutes Zeichen, denn dann hat jemand einen Grund dafür, den man ja ernst nehmen muss. Nichts finde ich schlimmer, als wenn ich mich verbiege und verkrampfe und versuche, jemand zu sein, der ich nicht bin – und genau dann werde ich am Ende trotzdem nicht gewählt. Tja …

Quindeau   Ja, es ist sehr wichtig, die jungen Kolleginnen und Kollegen zu ermutigen, ein klares Angebot zu machen und die dafür nötigen Bedingungen zu setzen. Wenn ich nach der Diagnostik während der Erstgespräche zu dem Ergebnis komme, dass jemand eine vierstündige Analyse braucht, dann ist das das Verfahren der Wahl. Da kann ich mich nicht verbiegen und nicht ängstlich darauf schauen, was dem potenziellen Patienten vielleicht angenehm sein könnte. Für die meisten erscheint ja schon einmal in der Woche zu viel.

Aber nicht selten fangen Kolleginnen dann an, über die Anzahl an Stunden pro Woche mit dem Patienten zu verhandeln. Das erscheint mir schon grotesk, ich würde ja auch nicht als Internistin über die Dosis der Medikamente verhandeln. Und damit habe ich gute Erfahrungen gemacht. Die meisten Patientinnen und Patienten wissen ja erst mal auch nicht, warum man mit welcher Frequenz arbeitet. Manchmal erschrecken sie, wenn sie hören, wie oft sie kommen sollen, weil sie denken, dass sie so krank sind. Und sind beruhigt, wenn ich ihnen sage, dass es gerade umgekehrt ist. Jedenfalls arbeite ich so: Je gravierender die psychische Erkrankung, desto geringer die Frequenz. Wenn man gleich von Anfang an klar ist, erspart man sich unter Umständen ganz viele Querelen und Abbrüche. Wir können sagen: »Das ist mein Angebot und das können Sie annehmen oder nicht.«

SCHMIDBAUER Viele Schwierigkeiten entstehen, wenn nicht zwei Menschen frei entscheiden, ob sie miteinander arbeiten können oder nicht, sondern wenn irgendeine Seite sich unter Druck gesetzt oder verpflichtet fühlt und es deshalb unmöglich ist, sich gegen die Zusammenarbeit zu entscheiden: Die beste Freundin sagt, man müsse unbedingt zu diesem oder jenem in Analyse gehen, die Tochter des Landrats wird dem Arzt in der Kreisklinik von seinem Chef ans Herz gelegt, der Professor bittet den Assistenten, ob der nicht seine Frau behandeln könnte. Solche Empfehlungen haben auch mit der Angst zu tun, zu einem ganz Unbekannten zu gehen. Aber es ist unmöglich, die persönliche Begegnung durch Empfehlungen zu ersetzen. Jeder Druck ist problematisch.

QUINDEAU Eine andere Schwierigkeit ist es, wenn man schon bei den Erstgesprächen den Eindruck hat, nicht gut mit einem

Patienten arbeiten zu können. Dann scheint es mir sehr wichtig, das möglichst schnell zu sagen, denn es bilden sich sofort Übertragungen, die man kaum wieder auflösen kann. Es steckt ja auch ein großes Kränkungspotenzial darin, jemand kann sich abgelehnt, zurückgewiesen fühlen. Es ist dann wichtig, ihm deutlich zu machen, dass es nicht sein Problem ist, sondern dass das Matching nicht gut ist, dass das Zusammenspiel zwischen uns nicht so gut funktioniert. Manchmal bekommt man in anderen Zusammenhängen mit, was für weitreichende Konsequenzen so eine Situation haben kann, etwa dass diejenigen nie wieder einen Therapieversuch unternehmen. Das darf auf keinen Fall passieren.

Ich habe oft schon nach der ersten Sitzung ein klares Gefühl dafür, ob ich mit jemandem arbeiten kann oder nicht, und sage das dann auch, um den Patienten die Unsicherheit zu nehmen. Sie können dann in aller Ruhe für sich entscheiden, ob sie die Therapie mit mir aufnehmen wollen oder nicht. Für den Verlauf der Therapie scheint es mir ganz wichtig, dass sie auf eine fundierte Entscheidung gestützt ist.

Ist denn der Eindruck, dass Sie und der Klient nicht gut zusammenpassen, mehr als ein Gefühl? Woran merken Sie das? Spüren Sie die eigene Ungeduld?

QUINDEAU Das können sehr unterschiedliche Dinge sein, Ungeduld eigentlich eher seltener, bei mir jedenfalls. Diese Anzeichen sind vermutlich sehr spezifisch für jeden Therapeuten und jede Therapeutin. Zunächst ist es eine Wahrnehmung, ein Gefühl, das mir auffällt und mich in irgendeiner Weise beeinträchtigt. Wenn ich etwa nicht denken kann in der Anwesenheit eines Patienten, wenn mein innerer Raum so eingeengt wird, dass mir nichts einfällt. Solche Wahrnehmungen sind diagnostisch sehr bedeutsam, sie liefern Hinweise auf die zugrunde liegende Persönlichkeits- beziehungsweise Konfliktstruktur und die Art der Abwehr des Patienten. Und im Laufe der Jahre hat sich herauskristallisiert, dass ich mit Patientinnen und Patienten mit bestimmten Persönlichkeitsstrukturen besser arbeiten kann als mit anderen. Das ist dann wichtig für meine Entscheidung, einen Analysanden zu nehmen oder nicht. Hinzu kommt aber immer auch ein Moment, der sich nur schwer beschreiben lässt. Ein Punkt, der mich anspricht, die Art zu lächeln beispielsweise, eine bestimmte Geste, eine Ausdrucksweise ... Das ist ein magischer Moment, ein Moment, der mich berührt und in dem sich etwas herstellt. Das berühmte Bonmot von Hermann Hesse, dass jedem Anfang ein Zauber innewohnt, trifft sicher auch auf das therapeutische Erstgespräch zu – vielleicht in gewisser Weise schon ähnlich wie in einer Liebesbeziehung.

DIE EMOTIONALE BEDÜRFTIGKEIT DES THERAPEUTEN

»Wenn man sich genauer ansieht, wann Missbrauch beginnt, dann handelt es sich sehr häufig um einen Zeitpunkt, an dem die Psychotherapie schlecht zu laufen beginnt.«
Wolfgang Schmidbauer

Narzisstische Piraterie

Welche Therapeuten scheinen Ihnen beiden denn für ein Zuviel an Nähe besonders anfällig?

SCHMIDBAUER Nach meinen Beobachtungen handelt es sich nicht um ein Zuviel, es ist einfach eine Unsicherheit in der Rolle als Therapeut. Dabei spielen Faktoren eine Rolle, die in anderen Berufen längst nicht so wichtig sind. Einer davon ist die Qualität des »Beziehungsberufs«. Jemand, der zufrieden ist mit sich selbst und ein befriedigendes Privatleben führt, ist natürlich viel

Gefahren intimitätsnaher Berufe

- Das *Opfer des Berufs:* »Hier führt die Tatsache, daß der Beziehungshelfer in seiner Arbeit zahlreiche emotionale und Kontaktbedürfnisse befriedigen kann, dazu, daß sein Privatleben buchstäblich vom Beruf aufgezehrt wird. In früheren, traditionellen Gesellschaften war der Verzicht auf emotionale Beziehungen außerhalb der helfenden Arbeit in einen festen Rahmen gefaßt, der sich – in gesellschaftlich stark reduzierter Form – bis heute erhalten hat. Ich meine damit vor allem klösterliche Lebensgemeinschaften, deren Gelübde die völlige Hingabe an die vom Orden vorgegebene Aufgabe enthalten.«
- Der *Spalter:* »Er versucht, in dogmatischer Weise zwischen dem intimitätsnahen Beruf und dem Privatleben zu trennen. Dadurch verarmt sein Privatleben an genau jenen Qualitäten, die er im Beruf ausübt; er versucht es zu einem Bereich zu formen, in dem er nicht an den Beruf erinnert wird und sich deshalb auch von dessen Forderungen erholen kann.«

weniger auf Piraterie angewiesen als andere. Ich habe ein Vier-Felder-Schema entwickelt, mit dem ich zeige, dass der intimitätsnahe Beruf bestimmte Gefahren mit sich bringt.

Eine Gefahr ist – ich habe es »Opfer des Berufs« genannt –, dass jemand durch die Intimitätsnähe gar nicht mehr bemerkt, wie stark er an sozialen Beziehungen außerhalb seines Berufs verarmt. Es gibt den »Perfektionisten«, der keine Freizeit kennt und letztlich auch seine privaten Beziehungen nach dem Modell seiner beruflichen Ideale gestaltet – und daran oft auch scheitert. Es gibt den »Spalter«, der findet sich zum Beispiel in vielen Ärztefamilien, in denen die eigenen Kinder mit 39 Grad Fieber in die Schule geschickt werden, während die Patientenkinder sofort krankgeschrieben und ins Bett gesteckt werden. Dieser

- »Der *Perfektionist* geht mit seiner Rolle als Beziehungshelfer so um, daß er versucht, die hohen Ideale seiner beruflichen Arbeit auch in seinem Privatleben zu verwirklichen. Er kann sich nicht gegen die Forderung abgrenzen, daß ein Therapeut ein vollkommener Mensch sein muß.«
- Der *Pirat:* Er »zieht persönlichen Gewinn aus den emotionalen Beziehungen, die durch seine Arbeit als Therapeut zustandekommen. Ein Teil solcher Gewinne, beispielsweise die Befriedigung durch die narzißtische Bestätigung und die Dankbarkeit des Klienten während einer erfolgreichen Behandlung sind unproblematisch. Aber es gibt Befriedigungen, die den beruflichen Erfolg der privaten Lust opfern, und die selbst dann der professionellen Ethik widersprechen, wenn der Patient sie wünscht.«

Nach: W. Schmidbauer (1992). Helfen als Beruf: die Ware Nächstenliebe (überarb. u. erw. Neuausg.). Reinbek: Rowohlt. S. 44 f.

Typus kommt abends nach Hause und sagt seiner Frau, die auch etwas von ihm haben oder erfahren will: »Ich hab den ganzen Tag depressiven Frauen zugehört, bitte lass mich in Frieden.«

So, und dann gibt es als Letzten eben den »Piraten«, der die Intimitätsnähe in Therapien nutzt, um sich selbst zu versorgen. Diese Art der Piraterie ist letztlich eine narzisstische Piraterie und viel umfassender als lediglich die sexuelle. Letztlich ist die sexuelle gut dingfest zu machen, und an ihr wird jedem klar, dass das ein »Übergriff« ist. Meines Erachtens stellt ein sexueller Übergriff aber nur die Spitze des Eisbergs dar. Die anderen Varianten eines narzisstischen Missbrauchs sind schwerer zu beobachten und dingfest zu machen, sind aber dafür verantwortlich, dass es auch Schäden durch Psychotherapie gibt.

QUINDEAU Das finde ich eine ganz einleuchtende Überlegung, dass diese narzisstische Piraterie das eigentliche Problem ist; mit diesem Begriff bringen Sie das wunderbar auf den Punkt. Das kann sich im Sexuellen äußern, muss aber nicht. Das ist ein Riesenproblem in unserem Berufsfeld, auf dem die Gefahr viel größer ist als in anderen Tätigkeiten, dass sich diese narzisstische Bedürftigkeit einstellt oder dass dem weniger begegnet werden kann und sich tatsächlich eben dann solche Piraterien ausprägen. Unser Kollege Hans-Jürgen Wirth hat darauf hingewiesen, dass es gerade die professionellen Qualitäten sind, die Psychotherapeut*innen* anfällig machen für eine narzisstische Ausbeutung: Die früh entwickelte Sensibilität und besondere Begabung, sich in andere Menschen einfühlen zu können, prädestiniert zu einem helfenden Beruf und führt gleichzeitig zu einer erhöhten Anfälligkeit, entweder narzisstisch ausgebeutet zu werden oder selbst auszubeuten, um das eigene Selbstgefühl zu stabilisieren. Also genau die Fähigkeiten, die einen guten Therapeuten oder eine gute Therapeutin ausmachen, können zu einem Problem werden.

SCHMIDBAUER Zur Dynamik des Helfersyndroms gehört die Angst vor Abhängigkeit und die Vermeidung von Gegenseitigkeit in

Beziehungen. Die Ursache ist die Identifizierung mit einem idealisierten Elternbild, das quasi in der eigenen Fantasie geschaffen wird, um erlebte Kränkungen durch reale Bezugspersonen auszugleichen, und zwar nach der Kurzformel: Ich werde andere nie so behandeln, wie mich meine Mutter jetzt behandelt hat. Bereits Freud hat in einem seiner Brautbriefe sehr anschaulich beschrieben, wie es das eigene Selbstgefühl festigt, wenn man für jemand da sein, ihn unterstützen kann. Ich finde den Begriff nach wie vor hilfreich, aber es stört mich, dass er inzwischen in der Alltagssprache eher die Qualität des zwanghaften, unüberlegten Helfens gewonnen hat. Es geht beim Helfersyndrom um eine unbewusste Dynamik im Hintergrund der Wahl helfender Berufe, um eine Erweiterung und Ergänzung des doch sehr reduzierten Modells von Freud, der hier vor allem eine Reaktionsbildung gegen den sadistischen Partialtrieb sah.

QUINDEAU Ich würde nun nicht so weit gehen wie etwa Christoph Schmidt-Lellek und behaupten, dass niemand Therapeut würde, der nicht ein narzisstisches Grundproblem habe. Das scheint mir zu ungenau und plakativ, trifft aber einen richtigen Punkt, denn schließlich haben alle Menschen das Grundproblem, ihr Selbstgefühl – ihren Narzissmus – zu stabilisieren, und unterscheiden sich lediglich in der Art und Weise, wie sie dies tun.

Heinz Kohut hat pointiert die verschiedenen Formen beschrieben, wie Menschen ihr Selbstgefühl stabilisieren. Das geschieht täglich aufs Neue und ist in der Regel völlig unauffällig; einige dieser narzisstischen Stabilisierungen vollziehen sich in Beziehungen, etwa in Gestalt von Zwillings- oder Alter-Ego-Beziehungen sowie durch Anerkennung und Bewunderung in aktiver und passiver Form. Andere Stabilisierungen resultieren aus zufriedenstellenden Tätigkeiten. In der Psychotherapie als einem Beziehungsberuf fällt nun beides zusammen; vielleicht kommt es daher eher zu der narzisstischen Piraterie, die Sie beschrieben haben.

Es wäre gut, wenn man eine solche problematische berufliche Entwicklung schon früh sehen könnte, in der Supervision oder der Lehranalyse zum Beispiel. Das zeigt wieder, wie notwendig eine intensive Lehranalyse ist, denn nach meiner Erfahrung zeigen sich subtile manipulative Tendenzen im Gefolge narzisstischer Bedürftigkeit erst ganz allmählich in einer Therapie und können lange hinter Idealisierungen verborgen bleiben.

SCHMIDBAUER Ja, es kommt oft vor, dass eine berufliche Haltung im Laufe der Zeit entgleist. Deshalb ist es wirklich meine tiefe Überzeugung, dass niemand den Beruf allein ausüben sollte. Jeder Analytiker braucht meines Erachtens eine lebenslange Intervision, eine Gruppe von nahestehenden Menschen, die auch Therapeuten sind und mit denen er Situationen besprechen kann, in denen er das Gefühl hat, etwas stimme womöglich nicht. Und, meine ich, die Fähigkeit des Menschen, sich selbst einzureden, alles sei doch eigentlich in bester Ordnung, ist schon sehr groß. Dafür sind die Kollegen ein unglaublich hilfreiches Korrektiv.

Können Sie das mit der narzisstischen Piraterie noch ein bisschen plastischer machen, welche Beobachtungen haben Sie selbst gemacht?

SCHMIDBAUER Wenn man sich genauer ansieht, wann Missbrauch beginnt, dann handelt es sich sehr häufig um einen Zeitpunkt, an dem eine Psychotherapie schlecht zu laufen beginnt. Wenn zum Beispiel die Patientin in die Therapie kommt und berichtet, in einer unbefriedigenden sexuellen Beziehung zu leben oder mit einem Mann zusammen zu sein, der ein Verhältnis zu einer anderen Frau hat, und wenn gleichzeitig deutlich wird, dass sie sich weder von ihm trennen noch irgendwie sonst das Geschehen verarbeiten kann, dann wird sie irgendwann sehr enttäuscht darüber sein, dass der Therapeut ihr nicht genug geholfen hat. Wenn der Therapeut nun die Geduld verliert, kann es geschehen, dass er meint, durch ein sexuelles Verhältnis die unzufriedene Patientin zufriedenzustellen. Ich habe einen solchen Fall kennengelernt.

Es gibt viele Dinge, die ich als Therapeut nicht schaffe. So manche Vorstellung, die ich mir mache, und viele Erwartungen, die ich aufbaue, gehen nicht in Erfüllung. Es gehört zur Professionalität, sich zu fragen, ob ich das mir professionell Mögliche gemacht habe. Warum bin ich unsicher? Also rede ich doch besser mal mit meinen Kollegen und frage: »Was könnte ich denn noch tun, was fällt euch dazu ein?« Und in einer solchen Situation kann man sich kurzschlüssig offenbar auch sagen: »Ja, da muss jetzt etwas anderes passieren. Die Frau braucht mich. Da fehlt nur die reale sexuelle Erfahrung und dann ist sie wieder aufgebaut. Und für diese Erfahrung bin ich der Richtige.«

Männer sind häufiger die Täter, weil sexuelles Agieren aus einer Selbstüberschätzung heraus besser in ihr sozial vermitteltes Rollenbild passt. Der Penis ist sozusagen ein Heilmittel, und das verordne ich jetzt der Patientin. Danach geht's ihr wieder besser. Die Patientin aber erwartet eine reale, tragende Beziehung; ihr sexuelles Angebot oder ihre Bereitschaft, sich auf ein sexuelles Angebot des Therapeuten einzulassen, hat eine völlig andere Qualität.

Ein Fall, den ich indirekt mitbekommen habe, betraf eine Analytikerin, die eine Beziehung mit einem Patienten führen wollte. Sie hat die Analyse beendet, hat sogar noch eine Supervision genommen, allerdings bei jemandem, der, das wusste sie, sehr wohlwollend reagieren würde. Der sagte auch tatsächlich: »Ja, wunderbar, wenn Sie sich verliebt haben.« Die Beziehung ist dann zerbrochen. Der Mann hat später einen Anwalt genommen und die Therapeutin straf- und zivilrechtlich verfolgt. Ein Strafprozess kam nicht zustande; sie haben sich zivilrechtlich verglichen und sie musste ihm Geld zahlen.

QUINDEAU Professionsethisch ist so ein Vergleich wenig zufriedenstellend. Zwar haben Fachgesellschaften wie die Deutsche Psychoanalytische Vereinigung, die Deutsche Psychoanalytische Gesellschaft oder die Deutsche Gesellschaft für Psychoanalyse, Psychotherapie, Psychosomatik und Tiefenpsychologie eigene Ethikkodizes und Ethikkommissionen, vor denen solche Fälle verhandelt und sanktioniert werden – etwa mit einem Ausschluss. Zu einer Aberkennung der Approbation führt dies allerdings kaum, das heißt, dass diese Kollegen als Therapeuten weiterarbeiten können. Daher sind Wiederholungsfälle auch nicht selten. Die Zahlen, die es gibt, sind oft fragwürdig, gleichzeitig finden sich deutlich mehr Männer als Frauen und man muss zudem noch von einem großen Dunkelfeld ausgehen, denn es wird ja selten wirklich dagegen geklagt. Vielleicht liegt die eindeutige Überzahl von Männern daran, dass Frauen tatsächlich eher die Analysen beenden, um dann eine Beziehung mit dem Patienten führen zu können, wie Sie das auch in dem Fall geschildert haben. Man könnte spekulieren, ob es überhaupt zu einer Anklage gekommen wäre, wenn die Beziehung gut gegangen wäre. Ich glaube, diese Fälle sind weit häufiger, wenngleich natürlich ebenso problematisch. Diese Themen werden bei Männern und bei Frauen aber auch sehr unterschiedlich wahrgenommen. Da bleibt vieles undifferenziert.

Das heißt, Sie beide halten nichts von jenen Versuchen, die im Laufe der Geschichte immer mal wieder auftauchten, Sex zwischen Therapeuten und Klienten als Therapeutikum zu rechtfertigen?

SCHMIDBAUER In der Verhaltenstherapie von Sexualstörungen wurden manchmal Prostituierte einbezogen; inzwischen hört man aber nichts mehr davon. Als Kassenleistung wäre es eher ein Hit für die Boulevardmedien, denke ich, das geht auch deshalb nicht mehr. Aus psychoanalytischer Sicht schließen sich das orgastische Element der Erotik und das deutende Element der Analyse gegenseitig aus.

QUINDEAU Wilhelm Reich war ja auch für solche Vorschläge bekannt; da scheinen mir doch wesentlich männliche Größenfantasien dahinterzustehen.

Sie beide haben gesagt, dass der narzisstische Missbrauch viel früher schon stattfindet und oft die eigentliche Dynamik darstellt.

QUINDEAU Ja, ich habe die These, dass sich sexuelle Übergriffe aus einer narzisstischen Problematik heraus entwickeln und dass sie etwas Abgeleitetes sind, etwas Sekundäres. Die Idee von dieser narzisstischen Bedürftigkeit, die sich später eben auch das Feld der Sexualität sucht, geht einfach mit einer Gratifikation einher, also mit dieser Retterfantasie, die Sie, Herr Schmidbauer, soeben genannt haben. Die Vorstellung des Therapeuten ist, dass er der Analysandin aus der Misere helfen kann, indem sie mit ihm eine erfüllte Sexualität hat. Wir stoßen hier auf das ganze Spektrum der narzisstischen Problematik. Dem versucht man zu begegnen, indem man die Aufnahme- beziehungsweise Bewerbungsgespräche für die Therapieausbildung sehr sorgfältig betreibt. Aber völlig verhindern kann man solche narzisstischen Auswüchse natürlich nie.

SCHMIDBAUER Na ja, es gibt ja viele Ausbildungen, in denen eine Auswahl der Bewerber nicht stattfindet. In der Verhaltenstherapie ist das nicht üblich. Da muss man seine vorgeschriebenen Bausteine erledigen und dann bekommt man am Ende die Kassenzulassung. Auch ein Auswahlgremium ist nicht fehlerfrei, und es ist immer problematisch, wie man das Auswahlverfahren zugleich respektvoll und wirksam gestaltet. Meine Idee ist deshalb die lebenslange Intervision, aber die muss natürlich auch substanziell sein und darf zu keiner Scheinveranstaltung verkommen.

Der narzisstische Missbrauch scheint mir in einer Verleugnung des Scheiterns zu wurzeln. Das Problem des unreflektierten Narzissmus ist, dass man nicht gleichzeitig das

Gute und das Schlechte wahrnehmen kann. Man will als Therapeut eine gute und hilfreiche Person sein und kann nicht verarbeiten, dass es Grenzen gibt, dass man manches auch nicht geleistet hat, nicht leisten konnte, ist aber gleichzeitig auch nicht in der Lage, mit anderen über die Gründe dafür zu sprechen.

Bei Therapieabbrüchen ist es ähnlich. Bricht ein Patient die Therapie ab, dann wird das für den Therapeuten zur Bedrohung. Bevor er sich das eingesteht, wird die Störung des Patienten dramatisiert.

QUINDEAU Therapien, die gut laufen, erscheinen mir auch schon als Schutz gegen diese missbräuchlichen Übergriffe. Aber ich glaube nicht, dass allein das Scheitern der Grund für den Missbrauch ist. Das ist doch eine sehr komplexe Dynamik, in der Größenfantasien und Scham, aber auch mögliche Verlusterfahrungen und Schuldgefühle eine große Rolle spielen können. Als zentrale Dynamik einer Missbrauchserfahrung beschrieb Sandor Ferenczi schon 1933 in seinem berühmten Aufsatz »Sprachverwirrung zwischen den Erwachsenen und dem Kind« die Introjektion des Schuldgefühls des Täters beim Opfer. Ich könnte mir vorstellen, dass Therapeut*innen*, die sexuelle Übergriffe begehen, nun möglicherweise auch selbst solche traumatischen Erfahrungen gemacht haben, die nicht immer sexuell sein müssen, sondern unterschiedliche Formen haben können. Das dient nun keineswegs zu ihrer Entschuldigung, sondern soll uns aufmerksam machen in der Lehranalyse für mögliche Missbrauchserfahrungen auch bei Männern. Da sie den Männlichkeitsnormen in unserer Gesellschaft so stark widersprechen, sind sie noch mehr scham- und schuldbesetzt als bei Frauen und werden entsprechend leichter übersehen. Deswegen ist es ja auch so wichtig, dass man die Kolleginnen und Kollegen als Unterstützung hat. Das scheint mir das probate Mittel zu sein, um Missbrauch in der Psychotherapie einzugrenzen.

Eine solche Sexualisierung des Therapiesettings ist auch als »manisches Ritual« oder »manische Abwehr« bezeichnet worden. Worin liegt das Manische?

SCHMIDBAUER Das Manische liegt in der Idealisierung, der Vergötzung des Liebesobjekts. Therapeuten, die sich auf eine sexuelle Beziehung einlassen, erleben die Patientin nicht mehr als Schutzbefohlene, sie verleugnen ihre Geschichte mit ihr, den sozialen Zusammenhang, und sind überzeugt, dass sie die Situation ebenso sieht.

Auf manche Menschen wirken Statusunterschiede ja ohnehin schon erotisierend. Wenn Pornofilme zum Beispiel unsere heimlichen Begierden zeigen sollten, dann finden wir dort die entsprechenden Genres.

SCHMIDBAUER Nun bedienen Pornofilme fast immer Klischees, die einer Prüfung nicht standhalten. Ich vermute, dass die Macht nicht erotisierend wirkt, sondern Angst auslöst, sodass sich das Ziel einer sexuellen Attacke nicht wehrt. Die Toleranz für solche Klischees ist groß. Sie widersprechen dem Wesen der Erotik ebenso wie dem der Psychoanalyse. In einer Psychoanalyse geht es vor allem darum, den Unterschied an Status und Macht aufzuheben, um die Analysanden zum Partner in einem gemeinsamen Forschungsunternehmen zu machen.

Sexuelle Übergriffe

Sollten sich Therapeuten vorstellen, Sex mit ihnen sei ein Heilmittel, und sollten sexuelle Übergriffe aus der Abwehr gegen das Erleben eigenen Scheiterns resultieren, dann wäre die Frage, ob nicht gerade das aus einer männlichen Größenvorstellung erwächst. Ich möchte ein paar Zahlen anführen und beziehe mich dabei auf die Veröffentlichung »Sexuelle Übergriffe in Psychotherapie und Psychiatrie« von Monika Becker-Fischer und Gottfried Fischer: Auf tausend Therapeuten kommen einhundert, die schon einmal sexuelle Kontakte zu einer Klientin hatten; es muss davon ausgegangen werden, dass es im Rahmen der kassenfinanzierten Psychotherapien jährlich dreihundert, sechshundert, vielleicht mehr Fälle gibt.

SCHMIDBAUER Fälle, die aktenkundig sind? Wie sind diese Daten denn gewonnen?

Durch Befragungen und Abfragen von Daten. Das geht zurück auf einen Bericht für ein Bundesministerium. Ich fahre fort: 10 bis 20 Prozent aller Therapeuten während ihrer Berufszeit, zwei Drittel davon wiederkehrend beziehungsweise häufiger.
80 Prozent der Kontaktangebote gehen vom Therapeuten aus, auf tausend Therapeuten kommen rund hundertfünfzig missbrauchte Klientinnen, bei den Wiederholern liegt mutmaßlich eine Persönlichkeitsstörung vor. Da, wo es wirklich öfter vorkommt, gehen die Fachleute von einer Persönlichkeitsbeeinträchtigung erheblichen Ausmaßes aus ...

QUINDEAU Die Untersuchung des Instituts für Psychotraumatologie über sexuelle Übergriffe in Psychotherapie, Psychiatrie und psychologischer Beratung, die im Auftrag des Bundesministeriums für Familie, Senioren, Frauen und Jugend erstellt wurde, ist wissenschaftlich sehr solide und seriös. Es gibt dazu auch eine umfassende Broschüre im Internet. Dennoch ist es natürlich nicht so einfach, wirklich belastbare Zahlen in diesem Zusammenhang zu ermitteln. In den USA ist man bei der Erforschung des Problems der Grenzverletzungen im Bereich der Psychotherapie schon deutlich weiter. Mitte der 1990er Jahre wurde in der American Psychoanalytic Association eine Studiengruppe eingerichtet, die sich mit sexuellen Grenzverletzungen von Lehranalytiker*innen* befasst hat. Man stellte fest, dass diesen zumeist eine ganze Reihe nicht sexueller Grenzverletzungen vorausging und dass es eine beharrliche Neigung in den Institutionen gab, diese Überschreitungen nicht zur Kenntnis zu nehmen. Man hätte also intervenieren können und müssen. Diese Verleugnung in den Instituten finde ich im Nachhinein ziemlich erschreckend. Und auch die Tatsache, dass es sehr renommierte und kreative Analytiker waren, wie Donald Winnicott und Masud Khan, die sich massiver Grenzverletzungen, Letzterer auch sexueller Art, schuldig gemacht haben. Die transgenerativen Folgen dieser Übergriffe lassen sich noch nicht wirklich überblicken, doch die Studien ergaben eine gehäufte Anzahl von Grenzübergriffen auch in der nächsten Generation. Ein wichtiges Instrument dagegen scheinen mir die Ethikkommissionen und Ethikkodizes zu sein, die sich inzwischen auch, wie gesagt, alle Fachgesellschaften in Deutschland gegeben haben.

Man mag einzelne Zahlen infrage stellen können, aber die Tendenzen scheinen mir doch eindeutig.

QUINDEAU Da haben Sie völlig recht. Diese Übergriffe sind besonders dramatisch, weil wir als Psychotherapeuten und Psychotherapeutinnen in besonderer Weise für den Schutz unserer Patienten und Patientinnen verantwortlich sind. Die therapeutische Beziehung ist ein geschützter Ort, an dem alles zur Sprache kommen kann, auch sexuelle Wünsche; dies muss aber auf der sprachlichen Ebene bleiben. Liebesgefühle oder sexuelle Fantasien richten sich zwar auf den Therapeuten oder die Therapeutin, beziehen sich aber nicht wirklich auf sie oder ihn. Es handelt sich um einen imaginären, einen virtuellen Raum. Die Übergriffe sind daher besonders traumatisch, weil sie Fantasien Wirklichkeit werden lassen. Damit zerstören sie eine existenziell wichtige Grenze.

Es scheinen alle Therapieschulen betroffen und auch alle Altersgruppen der Therapeuten, somit auch die erfahrenen. Aber eben insbesondere Männer.

SCHMIDBAUER Die Gefahr solcher Entgleisungen ist dann am höchsten, wenn die professionelle Arbeit keine Freude macht. Männer erleben sexuelle Eroberungen häufig als narzisstische Bestätigung. Frauen sind da vielleicht anspruchsvoller, obwohl mir solche Klischees nicht behagen.

QUINDEAU Leider bestätigen sich darin die herrschenden Geschlechterverhältnisse ja auch immer wieder. Es geht bei Missbrauch immer um Macht, und die zeigt sich geschlechtsspezifisch. Wir hatten soeben schon das Fallbeispiel eines Patienten, der seine Therapeutin angeklagt hat. Das ist auch deswegen so selten, weil es dem Geschlechterverhältnis widerspricht. Ich glaube, dass Männer es weniger mit ihrem Selbstbild, mit den Männlichkeitsnormen vereinbaren können, missbraucht zu werden. Und umgekehrt ist traditionelle Männlichkeit stark an Macht und Unterwerfung orientiert und somit vermutlich anfälliger für Missbrauch.

Denken Sie denn auch, dass bestimmte Persönlichkeitsstörungen zugrunde liegen könnten? Oder anders gefragt: Könnten frühe Störungen und Traumatisierungen des Therapeuten mit einer entsprechenden Struktur bei der Klientin zusammentreffen?

SCHMIDBAUER Nach meinen Beobachtungen an Tätern sind diese häufig latent depressiv und in ihrer Verarbeitung von Kränkungen gestört. Patientinnen, die sich auf solche Beziehungen einließen, hatten den Eindruck, dass der Therapeut sie braucht, was nun auch für die Patientin eine Aufwertung sein kann, mit allen Gefahren der narzisstischen Verwöhnung. Es ist doch sehr riskant, sich als Geliebte eines als machtvoll erlebten Mannes stark zu fühlen – das führt in eben jene Abhängigkeit, die doch bearbeitet werden müsste.

QUINDEAU Neben den depressiven wären noch narzisstische Persönlichkeitsstrukturen zu nennen. Diese Männer vermitteln den Patientinnen weniger das Gefühl, dass sie gebraucht würden, sondern erscheinen vielmehr stark und einflussreich. Die Patientin erhofft sich vielleicht unbewusst, von einer Liebesbeziehung mit diesem Mann profitieren zu können, teilzuhaben an seinem Einfluss oder besonders gefördert zu werden. Das sind Muster von missbräuchlichen Liebesbeziehungen, wie sie beispielsweise an Schulen und Hochschulen zu finden sind und vermutlich auch in Ausbildungssituationen. Da ist es besonders dramatisch und kommt selten zutage – zum einen, weil es so stark sanktioniert ist; zum anderen aber auch, weil sich die betroffenen Frauen nicht missbraucht fühlen, sondern sich als besonders attraktiv und verführerisch erleben. Da ist noch einiges zu tun an Aufklärung.

Neben den problematischen Persönlichkeitsstrukturen, die Missbrauch begünstigen, erscheint mir noch ein weiterer Punkt bedeutsam: das unbewusste Zusammenspiel von Analytiker und Analysandin in der Abwehr. Zu einer Gefährdung des therapeutischen Prozesses kann es nämlich auch kommen, wenn zwei Abwehrstrukturen aufeinandertreffen, die sich gegenseitig ergänzen. So könnten beide etwa eine unaufgelöste Rettungsfantasie teilen, die gescheitert ist – wie zum Beispiel den Wunsch, das Leid eines Elternteils wiedergutzumachen. Wenn diese Rettungsfantasie in der Lehranalyse des Analytikers nicht zureichend bearbeitet werden konnte und er nun auf eine Patientin trifft, die eine ähnliche Abwehrstruktur ausgebildet hat, könnten beide an der Illusion festhalten, den jeweils anderen retten zu können. Sie erleben sich als omnipotentes Paar, das sich gegen die »böse Welt draußen« stellt, was die Isolation noch weiter verstärkt. Eine solche Dynamik kann den Schritt zur Aufnahme einer sexuellen Beziehung erleichtern, was eine erhebliche narzisstische Verstärkung mit sich bringt, zumal sich das neurotische Leiden der Analysandin, das sie in die Therapie geführt hat, vermutlich verschärft, was sie aber nicht in der Beziehung zum Analytiker erlebt, sondern in die böse Welt draußen projiziert.

SCHMIDBAUER Das ist ein weites Feld. Als ich angefangen habe zu arbeiten, war das noch viel unhinterfragter. Im *Stern* gab es einen Beitrag, für den Therapeuten befragt worden waren, und einer sagte sinngemäß: »Ja, selbstverständlich habe ich solche Kontakte, gerade bei sexuellen Problemen ist es ganz gut, wenn man auch eine sexuelle Beziehung hat mit der Patientin.« In den Siebzigerjahren war das weitgehend noch eine ganz unangefochtene Meinung. Ich kann mich daran erinnern, dass in einer frühen Intervisionsgruppe jemand erzählte, er habe sich – er war ein paar Jahre älter als ich, ich war da erst eingestiegen – in eine Patientin verliebt und die Therapie beendet. Dann habe er seine Freundin zu einem anderen Therapeuten vermittelt. Und wir alle haben damals – etwa um das Jahr 1975 herum – gesagt: »Ja, das ist irgendwie okay.«

Das würde heute nicht mehr so laufen. Heute wird das viel stärker tabuisiert. Da hat sich der Zeitgeist verändert. Es ist freilich die Frage, ob die öffentliche Aufmerksamkeit und die Ethikausschüsse ausschließlich Gutes bewirken. Sie wecken womöglich neue Formen des Narzissmus, wie den Wunsch nach moralischer Überlegenheit.

QUINDEAU Na ja, ich würde schon sagen, dass durch die öffentliche Auseinandersetzung die Sensibilisierung deutlich zugenommen hat – jedenfalls bemühen wir uns in der Ausbildung darum, und zwar nicht nach dem Motto »Ist ja alles ganz normal«, wie es früher vielleicht war. Auch das Vorgehen bei Verliebtheit, die Therapie zu beenden und sofort eine Beziehung einzugehen, ist problematisch, denn die Übertragung bleibt bestehen. Insofern ist es gut, wenn dafür ein geschärftes Bewusstsein entstanden ist, also für die ethische Problematik, die da drinsteckt.

SCHMIDBAUER Am meisten haben mich jene Fälle schockiert, in denen Kollegen die Therapien noch weiterhin abrechneten, aber die Stunden in »Schäferstündchen« verwandelten.

Schade finde ich es, wenn Differenzierungen verloren gehen. In den USA gibt es schon lange eine Regel, dass eine Therapie ein Jahr beendet sein muss, bevor eine erotische Beziehung daraus entstehen darf. Wer die Erkenntnisse aus der Übertragungsanalyse berücksichtigt, ahnt aber, dass Übertragungen nicht einfach verschwinden, wenn eine Psychotherapie abgeschlossen wird.

QUINDEAU Für mich ist es die Frage, ob eine Übertragung *überhaupt* aufgelöst werden kann oder ob es nicht auch schon eine Größenfantasie ist, zu behaupten, dies tun zu können. Das würde bedeuten, dass eine sexuelle Beziehung zu einer ehemaligen Patientin oder einem Patienten prinzipiell unmöglich ist.

Aber was wäre die Lösung?

SCHMIDBAUER Ich habe 1997 in dem Buch »Wenn Helfer Fehler machen« Supervision vorgeschlagen. Wenn Therapeut und Patient eine private Beziehung aufnehmen wollen, soll das nur unter Supervision geschehen. Ein Dritter muss hinzugezogen werden, damit der Prozess reflektiert werden kann.

QUINDEAU Würden Sie das heute noch so sagen?

SCHMIDBAUER Inzwischen hat sich auch die Rechtslage verändert. Aber man muss ja dennoch mit solchen Fällen umgehen und sich um Schadensbegrenzung bemühen.

Ich habe mich jüngst gegen Vorschläge gewehrt, die meiner Ansicht nach über das Ziel hinausschießen: So wollten zwei Mitglieder des Ethikausschusses der DGPT, dass eine Lehranalyse nicht anerkannt wird, nachdem ein sexueller Missbrauch während einer Lehranalyse vorgefallen ist. Die Begründung war, dass jemand dann einen Ausbildungsbestandteil nicht richtig absolviert hat und deshalb nicht in die Fachgesellschaft aufgenommen werden könne. Da müssten wir davon ausgehen, dass alle Lehranalysen, in denen kein sexueller Missbrauch dokumentiert ist, korrekt abgelaufen sind. Das ist fiktiv. Die analytische Identität hängt nicht von der Lehranalyse ab. Man sollte nicht sagen, jemand, der in der Lehranalyse eine negative Erfahrung gemacht hat, sei disqualifiziert.

Regeln und Gesetze sind notwendig, um Korruption und Vorteilsnahme einzuschränken. Aber sie sind, analytisch gesehen, immer auch Werkzeuge der Verdrängung und Hindernisse für Kreativität. Otto F. Kernberg hat das in seinem Artikel über die vielfältigen Methoden beschrieben, mit denen analytische Institute die Kreativität ihrer Kandidaten unterdrücken. In der analytischen Ausbildung wollen wir beides: den kreativen Analytiker, aber auch den, der sich an die Regeln hält. Aber diese schöne Absicht bleibt ein Lippenbekenntnis, wenn angesichts von Entgleisungen allein der Ruf nach Gesetz und Sanktion laut wird.

QUINDEAU Ich finde eine solche Aberkennung der Lehranalyse allein deswegen schwierig, weil das im Verhältnis männlicher Lehranalytiker und Ausbildungskandidatin die Frau trifft. Sie wird dann auch noch dafür bestraft, dass der Ausbilder sich falsch verhalten hat. Das wäre doch sehr ungut. Allerdings steht für mich außer Frage, dass so eine Analyse ihre Funktion nicht erfüllt. Zwar geht es mir nicht um den Regelverstoß, damit könnte man sicher umgehen, aber das Problem, das sich aus einer sexuellen Beziehung in der Lehranalyse ergibt, ist doch um einiges größer. Die Grenzüberschreitung ist traumatisierend, weil die unbewussten ödipalen Fantasien Wirklichkeit werden. So paradox das vielleicht klingt: Es ist in diesem Zusammenhang psychisch unerträglich, wenn eintrifft, was man sich wünscht. Man mag gegen dieses Argument einwenden, dass ja nicht zwangsläufig in einer Lehranalyse ödipale Wünsche aktualisiert werden, doch überzeugt dieser Einwand nicht, da es sich um unbewusste Fantasien handelt, die auch mitlaufen können, ohne dass man sich dessen bewusst wird. Entscheidender scheint mir daher, dass man sie nicht *ausschließen* kann – das wäre für mich der Haupteinwand gegen eine solche Beziehung.

Was daraus folgen könnte? Auch wenn mir eine formale Aberkennung einer solchen Lehranalyse problematisch erscheint, gehe ich davon aus, dass die betroffene Kollegin vermutlich genügend Gründe sieht, von sich aus die Analyse noch einmal aufzunehmen, ohne dass ihr das jemand vorschreibt, falls sie dies nicht sowieso schon längst getan hat.

SCHMIDBAUER Ich würde auch verstehen, wenn die betreffende Kollegin erst einmal gar keine Lehranalyse mehr machen will. Und ich bin auch nicht von dem Argument überzeugt, dass wir von außen beurteilen können, ob ihr ein zentrales Stück Selbsterfahrung wirklich fehlt. Um das mit Sicherheit festzustellen, fehlen uns die Instrumente. Wenn sie davon überzeugt ist, bin ich nicht der allwissende Analytiker, der ihr widersprechen kann. Sonst beharren wir auf dem Inkommensurablen der Analyse und der Einzigartigkeit des Prozesses, aber plötzlich soll ganz klar sein, dass der Kandidatin das Wesentliche fehlt. So einfach ist das nicht.

Es ist ja inzwischen erst einmal ein Fortschritt, dass in den Ausbildungsinstituten nicht mehr der Lehranalytiker sagt, dass der eine Kandidat Analytiker werden kann und der andere nicht. Das entscheiden nicht mehr die Lehranalytiker, wie es früher war, das ist inzwischen in den meisten Instituten abgeschafft worden. Und ich finde, das ist auch gut so, obwohl es schade ist, dass der Lehranalytiker jetzt auch nicht mehr *für* den Kandidaten sprechen kann. Das heißt, auch bei misslungenen Lehranalysen sollte algorithmisch vorgegangen werden: Wer seine – um eine Zahl zu nennen – dreihundert vorgeschriebenen Stunden gemacht hat, der soll dann auch den Beruf ausüben können.

QUINDEAU Ja, inklusive natürlich der Vorstellung der eigenen Fälle. Das halte ich schon für wichtig. Dass der Lehranalytiker oder die Lehranalytikerin nicht über die Lehranalyse berichtet, finde ich richtig, damit sie ein geschützter Raum bleibt. Daher gibt es an den DPV-Ausbildungsinstituten das »non-reporting system«. Allerdings ist die eigene Analyse im Rahmen der Ausbildung keine rein quantitative Frage, es ist schon entscheidend, was in diesen Stunden geschieht. Die Lehranalyse soll ausbildungsbegleitend und vierstündig sein, daher sind dreihundert Stunden wohl von vornherein wenig realistisch. In der DPV haben wir zudem die Empfehlung, dass man erst nach einem Jahr Lehranalyse mit den theoretischen Veranstaltungen in der Ausbildung beginnen sollte. Das sind alles hilfreiche Regelungen, deren Sinn aber zunehmend abhandenzukommen scheint. Inzwischen muss alles schnell und effizient sein, die Ausbildungsinstitute überbieten sich gegenseitig mit günstigen Angeboten. Auf der Strecke bleibt dabei leider die Qualität. Ich kann mir nicht vorstellen, dass man sich in dreihundert Stunden auf einen Beruf vorbereiten kann, der so zentral auf Selbstreflexion basiert. Und dazu braucht es auch ein hochfrequentes Setting, ansonsten bleiben viel zu viele blinde Flecken, die dann zwangsläufig die Arbeit mit den Patienten und Patientinnen beeinträchtigen. Insbesondere die narzisstischen Problematiken bleiben so unbearbeitet und gerade diese können zu Missbrauch führen.

Freilich nutzen solche Empfehlungen zur Ausbildung nichts, wenn sie als nur repressiv wahrgenommen werden. Letztlich gibt es ohnehin keinen Schutz davor. Supervision und Intervision sind das Einzige, was man dann machen kann, um narzisstischen Übergriffen etwas entgegenzusetzen. Natürlich kann man niemanden dazu zwingen, denn auch in der Intervision können konflikthafte Inhalte vermieden werden. Daher ist eine Zwangsregelung auch wenig sinnvoll.

SCHMIDBAUER Ja, es gibt ja inzwischen auch einen gewissen Druck der Psychotherapeutenkammern in Richtung auf kontinuierliche Fortbildung. Die entsprechenden Bestätigungen werden auch für Intervisionen vergeben. Das ist leider ziemlich bürokratisch, aber es kann auch als heilsamer Zwang verstanden werden. Freuds Mahnung, sich der eigenen Neurose nicht zu schämen und durch die periodische Wiederaufnahme der Eigenanalyse dafür zu sorgen, dass die eigene Offenheit für selbstkritische Reflexionen nicht verkrustet, können wir auch ohne die alle fünf Jahre erneute Lehranalyse ernst nehmen. Diese hat sich nicht durchgesetzt; sie wäre sicherlich schwer zu organisieren, aber sie sollte ebenso wenig einfach ignoriert und durch die trügerische Sicherheit ersetzt werden, sie sei durch die inzwischen so viel länger dauernden und aufwendigeren Lehranalysen überflüssig.

Ich sehe die Forderung nach sehr langen und sehr gründlichen Lehranalysen nicht so positiv wie Frau Quindeau. Das mag daran liegen, dass ich sehr viel von Gruppenpsychoanalyse halte und für eine Kombination beider Formen von Selbsterfahrung ebenso wie für die lebenslange Intervision plädiere. Wem sehr viel Selbsterfahrung vorgeschrieben wird, der kann auch gefährdet sein, sich für durchanalysiert zu halten und sich zu überschätzen. Dass eine ganz besonders lange Lehranalyse garantiert, dass auch die letzten blinden Flecken verschwinden, halte ich für – verzeihen Sie, Frau Quindeau – ein Gerücht; ich vermute, das wollen Sie auch gar nicht behaupten, aber es hört sich doch ein wenig so an.

QUINDEAU Selbstverständlich würde ich das nicht behaupten; ich denke auch nicht, dass man Selbsterfahrung überhaupt vorschreiben kann. Die Erfahrung des Unbewussten stellt sich ein oder nicht. Das lässt sich nicht herstellen, weder durch eine hohe Frequenz noch durch eine lange Dauer. Aber ein gewisses Vertrauen auf die Methode erscheint mir schon hilfreich.

SCHMIDBAUER Mir ist eine kurze Lehranalyse, die das Interesse für eine lebenslange Selbstforschung weckt und Bescheidenheit gegenüber den Möglichkeiten der Erkenntnis des Unbewussten lehrt, weit lieber als eine vierstündige Veranstaltung über viele Jahre hin, die doch, wenn ich Sie recht verstanden habe, zu eben demselben Ergebnis – dem Respekt vor dem Unbewussten – führen sollte. Als Ausbildungsregel wäre mir ein »so viel wie nötig, so wenig wie möglich« lieber.

Eine periodische Überprüfung kennen wir bei Piloten als flugmedizinischen Gesundheitscheck und bei Motorfahrzeugen als Hauptuntersuchung durch den TÜV. Die Helfer sind der Aufgabe eher in einsamer Freiheit überlassen, ihre eigene Beziehungsfähigkeit und deren Einschränkungen besonders zu beachten.

QUINDEAU Vielleicht wäre ein solches Wiederaufnehmen der Lehranalyse ja keine ganz schlechte Idee. Ich glaube, dass uns in der jahre- und jahrzehntelangen Routine der analytischen Arbeit auch immer wieder das Gefühl für das eigene Unbewusste verloren geht. Das kann man sich ja nicht selbst bewahren, sondern ist dabei konstitutiv auf einen anderen angewiesen. Ansatzweise lässt sich das sicher in der Intervision oder Supervision bearbeiten, aber eben nur zu einem gewissen Teil. Doch abgesehen davon ist mir im Hinblick auf die Grenzverletzungen auch die Sensibilisierung der Öffentlichkeit wichtig. Es muss klar sein, dass dies eine Grenze ist, die nicht überschritten werden darf. Analysanden und Analysandinnen wissen zunehmend, was grenzüberschreitend wäre und was nicht. Ich glaube, das war früher auch nicht wirklich so klar. Viele fühlten sich außerdem geschmeichelt, und zwar gerade in den Ausbildungskontexten, wenn beispielsweise ein hoch angesehener Lehranalytiker jemanden zur Geliebten haben wollte. Das ist ja auch eine

Art Aufwertung. Aber heute, glaube ich, ist das nicht mehr so einfach, das wird durchaus anders erlebt.

SCHMIDBAUER Ich glaube, das ist allen Institutionen, auch den psychoanalytischen, irgendwie eigen, dass sie immer mehr Regeln entwerfen. Was Sigmund Freud gemacht hat, der seine Tochter in die Analyse genommen hat, das würde heute nicht mehr gehen. Das ist schon paradox, dass der Gründervater von jedem Ausbildungsinstitut gerügt würde.

QUINDEAU Ja, aber das ist doch auch ein Dazulernen. Freud hat ja erst ganz allmählich entdeckt, wie das mit den Übertragungs- und Gegenübertragungslinien abläuft. Das wäre ja heute wirklich ein Unding, beim Vater in Psychoanalyse zu gehen, wenn man sich die Intimität während der Analyse vor Augen hält. Das ist auch ein Missbrauch in heutiger Sicht.

Na ja, heute ist es sogar undenkbar, dass in einer Einrichtung der eigene Vorgesetzte auch der Supervisor sein kann. Für solche ausschließenden Kriterien gibt es natürlich gute Gründe. Jetzt kann man immer sagen, es würde viel zu viel reglementiert, aber oft fällt uns ja auch nichts anderes ein, als zu reglementieren.

SCHMIDBAUER Reglementierung hat auch einen Schatten. In der Psychotherapie gibt es eine Entwicklung hin zu einem defensiven Verhalten. Die Psychotherapeutenkammern fangen jetzt eifrig an, zu verlangen, dass man den Patienten zu Beginn der Therapie über alle Gefahren der Therapie aufklärt. Was wollen wir denn da alles anführen? Man müsste nun sagen: »Lieber Patient, es kann sich eine Übertragung entwickeln und die kann heftig werden, es gibt aber selbstverständlich auch die Möglichkeit einer Verhaltenstherapie, wenn Sie diese vielleicht vorziehen wollen.« Das ist doch paradox, denn man kann ja überhaupt nicht über alle möglichen Gefahren der Psychotherapie und die alternativen Möglichkeiten zur angebotenen Methode aufklären, da müsste man ein fünfhundertseitiges Buch überreichen oder vortragen. Und am Ende unterschreibt der Patient einen Zettel, auf dem steht: Ich bin über alles aufgeklärt worden.

Das ist wie vor einer Operation, dass man ein Formblatt unterschreiben muss, man sei über die Gefahren informiert worden. Das ist bei der Psychotherapie gar nicht zweckdienlich, aber die Menschen denken gerne, dass man durch mehr Vorschriften und Gesetze irgendwelche Übel eliminieren könnte. Aber, zugegeben, ich habe auch noch kein Mittel gegen die Regelwut gefunden. Mir ist das dennoch oft zu viel.

QUINDEAU Da kann ich mich nur anschließen. Natürlich ist es wichtig, dass man die Patienten und Patientinnen informiert, damit sie sich entscheiden können, ob sie eine Analyse aufnehmen wollen oder nicht. Wenn das mit einem »informed consent« gemeint ist, bin ich völlig einverstanden. Aber die Rede von »Nebenwirkungen« oder auch Risiken und Gefahren etwa scheint mir auch wenig angemessen. Das ist eine Form von Medikalisierung, die nicht zur Psychotherapie passt. Dabei wird implizit auch vorausgesetzt, dass wir genau wüssten, was in einer Analyse passieren wird. Aber auch wir können am Anfang doch nicht wissen, was Jahre später dabei herauskommt. Darin liegt ja auch der Charme. Beide Seiten lassen sich auf etwas Ungewisses ein, entwickeln einen offenen Prozess. Man kann dabei nicht vorher alle Eventualitäten ausschließen. Da sind wir wieder bei der Frage nach der Kontrolle oder der Kontrollierbarkeit oder der Vorhersehbarkeit in Therapien, die wohl eher einem Wunsch entspricht und selbst bei manualisiertem Vorgehen kaum gegeben ist.

Wie Sie es schon angesprochen haben: Die Psychotherapeutenkammern sind immer sehr forsch in der Reglementierung. Einerseits bin ich verpflichtet, über Gefahren aufzuklären, andererseits muss ich fachlich sagen, dass ich auch nicht weiß, was dabei herauskommt. *Beide* Seiten wissen nicht, was dabei herauskommt. Ich kann die genaue Dynamik und alles, was möglicherweise auftreten kann, nicht vorhersagen. Das ist ja gerade die Idee der Psychoanalyse, diese Ungewissheit miteinander zu tragen, das ist das Therapieziel. Die Patienten und Patientinnen, die bleiben und sich für eine Analyse entscheiden, wissen um die Spannung und können das aushalten.

Bei Ihnen beiden höre ich dennoch eine Ambivalenz heraus: Einerseits wollen Sie die Offenheit des therapeutischen Prozesses retten und die Chancen der professionellen Intimität erhalten – was ich ehrlich und sympathisch finde. Also pointiert ausgedrückt: Der Therapeut will und soll zu einem intimen Prozess verführen. Andererseits sind Sie sehr entschieden, dass es keinerlei sexuelle Übergriffe geben darf …

QUINDEAU Ja, richtig. Allerdings sehe ich darin keine Ambivalenz. Sexuelle Übergriffe sind ja gerade das Gegenteil von Offenheit, da wird der virtuelle Raum einer Analyse zerstört.

Ja, aber den Therapeuten soll auch nicht von außen auf die Finger gesehen werden. Wie wollen Sie diesen Widerspruch auflösen?

SCHMIDBAUER Ich würde sagen, dass das an sich noch kein Widerspruch ist. Einen Beruf zu erlernen heißt auch, eine Rolle zu erlernen. Solche Rollen sind in vielen modernen Berufen nicht mehr rational in allen ihren Umrissen definierbar. Neben einer Ausbildung, in der Rollenumfänge definiert und die notwendigen rationalen Strukturen verankert werden, wird in der Praxis eine kontinuierliche Reflexion notwendig, um die Gefühle des Professionellen, die weder ganz aus dem professionellen Handeln verschwinden noch es ganz beherrschen dürfen, ebenso einzubeziehen wie zu überwachen.

Eine im Grunde ständige Differenzierungsarbeit ist notwendig, um die beiden Extreme zu vermeiden, an denen die »neuen Helfer« ihre Kompetenz verlieren: die Erschöpfung, das Ausbrennen, in dem ihre Tätigkeit zur von Kreativität, Neugier und emotionalem Engagement verlassenen Routine wird, auf der einen Seite; den Missbrauch, in dem die Triebbefriedigung die professionelle Aufgabe zerstört, auf der anderen. Auf jeder Stufe der regressiven Entprofessionalisierung kann es zu Kompromissbildungen kommen, die ein Amalgam zwischen einer drohenden Auflösung der beruflichen Rolle und Gegenmaßnahmen signalisieren.

Die Regression orientiert sich bei einem Entprofessionalisierungsprozess an institutionellen Modellen und latenten Identifizierungen beziehungsweise ihrer Abwehr: Regredierte Lehrer verhalten sich wie Schüler, regredierte Drogenberater wie Junkies. Regredierte Analytiker scheinen Freuds Maxime zu bestätigen, dass die Neurose das Negativ der Perversion ist; in dem Fall Masud Khan werden sadistische Anteile deutlich. Linda Hopkins hat das beschrieben.

Daher sollte auch zwischen Supervision im Sinne einer Kompetenzsteigerung und Intervision im Sinne einer Kompetenzerhaltung unterschieden werden. Die kompetenz*steigernde* Supervision ist zu Beginn eines Professionalisierungsprozesses angezeigt – zum Beispiel als Bestandteil der Ausbildung bei Psychotherapeuten oder Sozialpädagogen. Die kompetenz*erhaltende* Intervision hat eine vorbeugende Funktion. Sie zeigt, dass die Tätigen fertig ausgebildet sind und mit Peers in einen lehrend-lernenden Austausch treten können, in dem beide Seiten Verantwortung tragen, sich in einer bereits erworbenen professionellen Haltung unterstützen und diese festigen.

Diese Form der Intervision sollte auch für Lehranalytiker selbstverständlich sein. Sie wäre dann ein vollwertiger Ersatz für Freuds Forderung, die Eigenanalyse periodisch zu erneuern. Eine solche psychohygienisch ausgelegte Klarstellung, dass niemand von uns jemals »fertig« analysiert ist, würde auch von dem Druck entlasten, Lehranalysen über den Algorithmus hinaus zu bewerten.

Der Therapeut soll eine gute Dienstleistung anbieten, und zu der guten Dienstleistung gehört es, dass er den Patienten beziehungsweise die Patientin erst mal für die Therapie motiviert und dann aber den therapeutischen Prozess so gestaltet, dass der optimal abläuft. Dabei ist es nun einmal so, dass eine sexuelle Befriedigung in einem direkt körperlichen Sinn für diesen Prozess nicht gut ist.

QUINDEAU Im Gegenteil, sie zerstört. Gerade *weil* wir es mit sexuellen Regungen und Liebesgefühlen zu tun haben in der Psychoanalyse, ist es ganz wichtig, dass man diesen *Möglichkeits*raum nicht zerstört, indem man ihn Wirklichkeit werden lässt. Das ist kein Widerspruch.

Na ja, aber klingt das nicht doch so, als spreche man die ganze Zeit von der Verführung, aber eine entsprechende Handlung darf daraus nicht werden, dann rufen wir: Igitt!

SCHMIDBAUER Ich würde eher sagen, man spricht nicht von Verführung, sondern man »verführt zum Sprechen« über das bisher Ungesagte, vielleicht Unsagbare. Und diesen Prozess der Einsicht und der seelischen Strukturierung stört die körperliche Befriedigung, sie unterbricht ihn, sie macht ihn unmöglich.

QUINDEAU Es gibt in diesem Zusammenhang ein interessantes Konzept von Hansjörg Pfannschmidt mit der Idee des Übertragungsraums als »erotisch-sexueller Spielraum«. Er knüpft damit an Winnicotts Begriff des Übergangsraums als eines »intermediären Bereichs« an und bezieht ihn auf den Bereich des Sexuellen. Im Übergangsobjekt sind An- und Abwesenheit der Mutter miteinander verbunden; es geht nicht um ein Entweder-oder von An- und Abwesenheit. Analog lassen sich nun in Bezug auf die sexuelle Dimension im therapeutischen Prozess auch Erfüllung und Versagung zusammen denken und nicht als Alternative im Sinne eines Entweder-oder. In diesem Übertragungsraum können die erotischen Fantasien und das Körpererleben der Patientinnen und Patienten zum Ausdruck kommen.

Die Verbindung von Übertragung und Gegenübertragung bildet diesen Übergangsraum, in dem sinnlich-körperliche Erfahrungen zwischen Patient*in* und Therapeut*in* gemacht werden, ohne dass es zu konkreten körperlichen Berührungen kommt. Diesen Übergangsraum zur Verfügung zu stellen und zu halten, stellt eine wichtige therapeutische Aufgabe dar. Die Angst vor einer Abstinenzverletzung kann diesen Raum ebenso zerstören wie die Abstinenzverletzung selbst. Vielmehr ermöglicht der Übertragungsraum, verdrängte sexuelle Wünsche zuzulassen, zu spüren und zu thematisieren, ohne sie umsetzen zu müssen.

SCHMIDBAUER Na ja, es stimmt natürlich, dass sexuelle Ereignisse, wie Freud so schön sagt, inkommensurabel sind. Sie werden sozusagen auf einem speziellen Lebensblatt eingetragen und andere können nichts weiter dazuschreiben. Niemand kann die Macht dieser Gefühle und den Wunsch nach Sexualität einschätzen. Deshalb ist es auch nicht so verwunderlich, dass sie immer wieder auftreten.

Zudem würde ich sagen, rein pragmatisch betrachtet, dass die Analyse ein Vertrag ist, und jeder Vertrag kann in Übereinstimmung beider Seiten gekündigt werden. Gibt es also einen Ausweg aus der Übertragung? Ich persönlich bin der Meinung, dass dies möglich ist, aber absolut sicher bin ich mir in dem Punkt natürlich auch nicht. Darüber kann man debattieren.

Die fachliche Auffassung ist, dass die Übertragung eine lebenslang andauernde ist und dass es Analytiker und Analysand nicht möglich ist, nachher noch einmal eine »normale« persönliche Beziehung miteinander zu führen. Das halte ich für ein maximales Sicherheitsdenken. Will man die Straße der maximalen Sicherheit gehen, dann kann man dem nicht widersprechen.

QUINDEAU Wie sich die Übertragung entwickelt nach der Analyse, ist wohl unterschiedlich, denke ich. Wir sind alle analysiert und haben ein Gefühl dafür, wie es sein kann. Aber vermutlich ist es individuell verschieden.

Sie sprechen die Vertragsseite an: Ja, das ist das eine. Aber das andere ist eben das Unbewusste, und da wissen wir nicht, was etwas nach sich zieht. Aber ich glaube auch, dass man es nicht einfach rechtlich regeln kann. Diese Regelung jedenfalls, beide müssten erst einmal ein Jahr warten, bevor sie eine Beziehung eingehen dürfen, ist absurd.

Weil Sie sagen, dass das dann eher ein »Freibrief« ist.

QUINDEAU Ja, als richte sich das Unbewusste nach dem Kalender.
SCHMIDBAUER Ich finde, damit ist schon einiges gewonnen. Damit wird immerhin verhindert, dass man sagt: »Nächste Woche treffen wir uns mal privat.« Das Ärgste wird immerhin verhindert.

Sind wir uns denn nun darin einig, dass wir bei der Geschlechterverteilung, also hier der Analytiker, dort die Patientin, ein gesellschaftliches Geschlechterverhältnis wiederfinden?

QUINDEAU Es ist schwierig, Äußerungen darüber zu machen, weil wir, glaube ich, darüber viel zu wenig wissen. Wir wissen einfach über das Geschlechterverhältnis nicht so gut Bescheid. Viele Zahlen halte ich für spekulativ.
    In den unproblematischen Fällen, in denen sich zum Beispiel eine Beziehung aus der Analyse entwickelt, wird es ja keinerlei Anklage geben. Keine Psychotherapeutenkammer und keine Ethikkommission wird da einschreiten. Meine Vermutung ist, dass dies aber eher Fälle sind, in denen es sich um eine Analytikerin und um einen Patienten handelt.
SCHMIDBAUER Das würde ich auch so sehen.

Ob auch diese Fälle eine narzisstische Piraterie darstellen oder nicht, können wir zunächst nicht entscheiden. Ihre Differenzierung bedeutet dann aber, dass die sexuellen Übergriffe eindeutig auf der männlichen Seite liegen.

SCHMIDBAUER Ja, statistisch gesehen, mehrheitlich ja. Und es ist auch ganz klar, dass nur jene Fälle auffällig werden, in denen dieses Unterfangen zu heftigen Enttäuschungen führt. Diese heftigen Enttäuschungen entstehen dadurch, dass in einem solchen Beziehungsangebot – das Sexualität impliziert – nicht verantwortungsvoll gehandelt beziehungsweise nur eine ganz bestimmte sexuelle Befriedigung gesucht wird. Ich vermute, dass dadurch, dass diese Fähigkeit – sowohl sozial als auch biologisch begünstigt –, eine angeblich rein sexuelle Beziehung zu imaginieren, ohne sich zu binden, eher bei den Männern liegt. Die Enttäuschungen darüber aufseiten der Frauen werden dann zur Quelle von Aggressionen, sodass der »Täter« angezeigt wird. Frauen, die sich als »Opfer« eines Therapeuten fühlen und sich zum Beispiel aufgrund einer Zeitungsanzeige für ein wissenschaftliches Projekt melden, weil sie missbraucht worden sind, stellen *eine* Kategorie von Fällen dar. Hier war die »Tat« als solche nicht eingebunden in ein von der anderen Seite gewünschtes Bindungsangebot, sondern ist mit heftigen Verletzungen beendet worden. Das ist eine Verantwortungslosigkeit aufseiten dieser Männer und darum ergibt sich dieses Ungleichgewicht zwischen Männern und Frauen.

Warum sollte die Psychotherapie frei sein von den gesellschaftlichen Klischees? Wenn man pornografische Filme anschaut, dann ist ja auch klar, wie die Geschlechterklischees aussehen und wo die Zielgruppe liegt: bei den Männern. Und die befreiten Gebiete in einer repressiven Gesellschaft haben wir auch in der Psychotherapie nicht erreicht.

QUINDEAU Das sehe ich auch so. Die Zahlen entsprechen dem Geschlechterverhältnis in einer Gesellschaft. Natürlich kann man entgegnen, Frauen hätten andere Formen, ihren Narzissmus zu stabilisieren als über Sexualität. Die Altersdifferenz ist ebenfalls ein wichtiger Punkt. Noch immer ist es weit üblicher, dass sich Beziehungen zwischen einem älteren Mann und einer jüngeren Frau bilden als umgekehrt. Da finden sich so viele Argumente, warum sich auch in der Psychotherapie das gesellschaftliche Geschlechterverhältnis zeigt. Das hat nichts mit der Psychoanalyse zu tun.

Nein, nicht ausschließlich die Psychoanalyse, zumal die Vermutung sowieso dahin geht, dass es keine schulenspezifische Häufung bei sexuellen Übergriffen in Psychotherapien gibt.

SCHMIDBAUER Ja, das denke ich auch. Ich habe vor Jahren mal alle Fälle zusammengetragen, von denen ich selbst gehört hatte, da waren mehr Verhaltenstherapeuten dabei. Ich bin damals auf dreißig Fälle gekommen, darunter waren fünf Therapeutinnen. Die meisten Fälle waren nicht auffällig geworden. Selbst die dramatischen Fälle übrigens, in denen es zu starken Konflikten und Kränkungen und zur Verschlechterung oder Neubildung von Symptomen gekommen war, sind eher stumm verlaufen. Darüber zu reden ist für die Opfer schwierig.

Missbrauchserfahrungen der Klientinnen

Kommen wir zu den Auswirkungen aufseiten der Klientinnen. Tendenziell heißt es, dass eine massive Verschlechterung der Symptome eintritt und dass 50 Prozent dieser Klientinnen zuvor bereits Missbrauchserfahrungen haben machen müssen. Die Klientin erlebt also in der Psychotherapie genau das wieder, was ohnehin zu ihrer Beeinträchtigung geführt hat.

SCHMIDBAUER Ja, das ist auch meine Beobachtung. Alle Patientinnen, bei denen ich sozusagen meine liebe Not hatte mit einer intensiven Übertragungsliebe und mit sexuellen Angeboten während der Therapie, waren missbrauchte Frauen, alle, durchweg. Da haben wir wieder den Geschlechterunterschied: Es gibt mehr missbrauchte Frauen als missbrauchte Männer, und die Männer sind meistens von Männern missbraucht worden, weshalb das in Psychotherapien nicht so oft auftaucht. Die drängende Übertragungsverliebtheit mit agierenden Komponenten dürfte häufiger bei Frauen auf männliche Analytiker stattfinden als umgekehrt.

QUINDEAU Das glaube ich auch. Allerdings sind Missbrauchserfahrungen leider auch bei Männern nicht so selten, wie man gemeinhin annimmt. Einer der spektakulären Fälle in der Psychoanalyse finden wir etwa in der Analyse von Masud Khan bei Winnicott. Freilich hat Winnicott vermutlich nicht mit Khan geschlafen, zumindest wissen wir davon nichts, aber grenzverletzend war sein Verhalten auf jeden Fall. Darüber gibt es inzwischen eine ganze Reihe von Berichten: Anne-Marie Sandler mit »Reaktionen der psychoanalytischen Institutionen auf Grenzverletzungen – Masud Khan und Winnicott«, Glen O. Gabbard und Moris L. Peltz mit »Speaking the unspeakable: Institutional reactions to boundary violations by training analysts« oder auch ein interessantes Editorial von Glen O. Gabbard und Paul Williams. Die Abstinenzverletzungen waren vielfältig, so gab es etwa gemeinsame Veröffentlichungen, private Abendessen zu viert mit den Ehefrauen oder auch eine gezielte Förderung des Analysanden in der psychoanalytischen Community. Alles in der Zeit, in der Masud Khan in Analyse war. Das sind alles Dinge, die wir heute keinesfalls mehr tun würden. Vielleicht ist es nicht so leicht, zu sehen, weshalb ein freundschaftliches Verhältnis missbräuchlich sein soll. Das Problem ist, dass sich die Sphären von Analyse und Alltagsleben vermischen, wie beim gemeinsamen Essen, und dass Winnicott seinen Analysanden für seine eigenen Interessen einsetzte, wie etwa bei den Veröffentlichungen. Dies zerstört die Abstinenz und den analytischen Raum.

Wie es Masud Khan damit ging, wissen wir nicht. Allerdings ist er selbst massiv missbräuchlich gewesen, auch sexueller Art, und soll sich sadistisch verhalten haben, wie Berichten von seinen Analysandinnen und Analysanden zu entnehmen ist. Eine von ihnen, nämlich Anne-Marie Sandler, berichtete auch über ihre Kindheit und ihr problematisches, sadomasochistisches Verhältnis zu den Eltern, das sich offenbar in der Analyse mit Masud Khan dann wiederholte. Erschreckend ist dabei auch, dass Masud Khan sich in »Selbsterfahrung in der Therapie« eingehend und äußerst einfühlsam mit Traumatisierungen beschäftigt hat; das sind bedeutsame Schriften, die heute noch häufig zitiert werden.

SCHMIDBAUER Das könnte uns vielleicht auch lehren, dass es kein Licht ohne Schatten gibt. Wir können schwerlich gleichzeitig den absolut korrekten und den hoch kreativen Analytiker haben. Und wir sollten uns auch hüten, mit pharisäischem Dünkel auf die Fehler der Pioniere zu schauen. Fehler bleiben Fehler, man darf sie nicht deshalb übersehen, weil eine Person große Verdienste hat, aber es geht auch nicht an, aus einem Fehler die Entwertung eines bisher idealisierten Menschen abzuleiten und über ihn zu triumphieren.

Um wieder zur Übertragungsverliebtheit zu kommen: Hier spielt durchaus auch die Angst der Geschlechter eine Rolle. Männer fühlen sich Frauen meist körperlich überlegen; erotische Angebote bedrohen sie nicht. Bei Frauen kann das anders sein. Ich erinnere mich an die Supervision einer Ausbildungskandidatin, bei der einer der Ausbildungsfälle ein Mann war, der eine heftige sexualisierte Übertragung entwickelte. Sie hatte durchaus ihre Mühe, ihn immer wieder in die Spur der Analyse zu bringen. Er konnte sie mit seinen erotischen Komplimenten fast paralysieren.

QUINDEAU So heftige Liebesübertragungen können ja wirklich auch Manifestationen von Persönlichkeitsstörungen sein, derer man sich nur schwer erwehren kann. Da stellt das Verhalten dann einen Widerstand dar oder ist Ausdruck einer schweren Traumatisierung, die reinszeniert wird und sich aufgrund der Versagung sogar noch verstärkt. Gerade in diesen Fällen scheint es mir wichtig, nicht beim traditionellen Geschlechterverhältnis stehen zu bleiben und auch die Möglichkeit in Betracht zu ziehen, dass auch ein Mann missbraucht worden sein kann.

SCHMIDBAUER Es handelt sich um eine narzisstische Abwehr, wenn der Mann sagt: »Na, heute schauen Sie aber wieder schön aus«, oder »Das Kleid steht Ihnen ausgesprochen gut«. Das ist ein Ablenkungsmanöver, bei dem er eine Art Überlegenheit gewinnen will mit einer Dominanzgeste. Das ist schon etwas Spezielles, weil sich in der Analyse eines Mannes bei einer Therapeutin die gesellschaftliche Dominanz umkehrt: Sie ist die Expertin und die »Überlegene«, und er müsste sich eigentlich in die Patientenrolle reinfinden, aber das macht er nicht gerne und will mithilfe einer Machogeste diese Patientenrolle neutralisieren. Das ist etwas, was dem männlichen Analytiker so nicht passiert, weil Frauen sich viel leichter in die Patientenrolle hineinfinden. Sie halten das auch eher für normal, dass sie sich Hilfe suchen und gerade auch bei einem »kompetenten Mann«. Da findet die Qualität des narzisstischen Widerstands in der erotischen Übertragung viel subtiler statt.

QUINDEAU Solche Bemerkungen sind für Frauen natürlich schon fast das »Alltagsgeschäft« und noch kein grober Übergriff. Da macht sich der Widerstand das gesellschaftliche Geschlechterverhältnis zunutze. Solche Bemerkungen über Kleidung oder Frisur drücken einen narzisstischen Stabilisierungsversuch aus. Ich sage dann manchmal: »So, jetzt stimmt das Geschlechterverhältnis wieder und wir können loslegen.« Das würde ich alles nicht so dramatisch finden.

SCHMIDBAUER Ja, ja, das kann ich mir bei Ihnen gut vorstellen, dass Sie das so wieder in die Spur kriegen. Humor ist eine Art, jemanden liebevoll zurück in die Spur zu kriegen.

QUINDEAU Genau, das ist ja auch nichts Böses. Ich glaube, es ist wichtig, dass man das nicht so dramatisiert. Es gibt eben ein großes Spektrum von leichtem bis hin zu massivem Widerstand infolge von Traumatisierungen und Persönlichkeitsstörungen, bei denen jemand etwa wirklich verfolgend wird wie beim Stalking. Das habe ich persönlich zwar noch nicht erlebt, kenne es aber aus Supervisionen. Insbesondere für junge Therapeutinnen ist das ganz schlimm, wenn sie von »liebeswütigen« Analysanden tatsächlich Briefe bekommen, Telefonanrufe oder vom Patienten nach Hause verfolgt werden. Das ist eine ganz andere Dimension, die oft als sehr bedrohlich erlebt wird.

SCHMIDBAUER Das passiert natürlich vornehmlich bei männlichen Patienten, die ihre Therapeutinnen stalken. Mir ist das nur ein einziges Mal passiert, dass mich eine Stalkerin verfolgte. Das war in meinen ersten Praxisjahren. Diese Frau hat die Therapie abgebrochen, weil sie überzeugt war, ich hätte mich in sie verliebt und würde ihr diese Liebe nicht gestehen, solange sie Patientin wäre. Dann stand sie Weihnachten vor meiner Tür und hat mir einen leichten Rippenstoß gegeben und gesagt: »Jetzt rück doch endlich raus mit deinen Liebesgefühlen.« Ich war da sehr verwirrt.

QUINDEAU Das kann ich mir vorstellen. Es ist wirklich nicht so einfach, damit gut umzugehen.

SCHMIDBAUER Das zeigt wieder, dass wir sozusagen mit gefährlichem Material hantieren. Als ich später noch einmal einer projektiven Übertragung begegnete, habe ich schnell erklärt, dass wir so nicht weiterarbeiten könnten. Die Patientin hatte das Gefühl, aus dem Fernsehen Botschaften von mir zu erhalten, und war unglaublich angespannt. Sie war zwar bis dahin eigentlich eine angepasste Hausfrau mit zwei Kindern gewesen und litt nach dem ersten Eindruck unter einer Depression nach dem Ausziehen dieser Kinder. Sie war nach wenigen Sitzungen völlig überzeugt, ich sei rasend in sie verliebt. Sie konnte kaum mehr reden, sie war starr vor ängstlicher Erwartung, ich bekam nur wenige Inhalte zu hören. Sie war dann bereit, zu einer Kollegin zu gehen.

QUINDEAU Die unbewusste sexuelle Dimension läuft in jeder Beziehung mit. Und diese Dimension ist das, was das Geschehen in der analytischen Beziehung wesentlich vorantreibt. Darin findet sich auch der Aspekt der »rätselhaften Botschaften« wieder, den Jean Laplanche so betont. Das ist ein Konzept, das ich sehr hilfreich finde, da man einfach davon ausgeht, dass in dem, was im Gespräch und insgesamt in der analytischen Beziehung signalisiert wird, immer eine Dimension existiert, die eben rätselhaft ist, die vom Unbewussten durchsetzt ist und die den anderen auffordert, zu übersetzen, zu entziffern. Und diesen Übersetzungsprozess betreibt jeder und jede aufgrund der eigenen Lebensgeschichte und der eigenen Erfahrungen anders. Das muss nicht und das kann auch gar nicht immer gleich-sinnig sein. Der andere nimmt natürlich nicht genau das auf, was der eine mitteilt.

Das sollte uns helfen, meine ich, eine gewisse Demut in der therapeutischen Haltung einzunehmen. Wir sollten gar nicht erst davon ausgehen, den Prozess vollständig »steuern« zu können. Da läuft immer eine Dimension mit, die meiner eigenen Kontrolle entzogen ist. Dessen sollten wir uns gewahr sein. Es geht darum, *gemeinsam* mit dem Analysanden oder der Analysandin genau diesen Prozess bewusst zu machen. Das ist kein einseitiges Geschehen, bei dem der Analytiker alles weiß und »durchschaut«. Das begründet auch noch einmal die Notwendigkeit von Intervision oder Supervision.

SCHMIDBAUER Ja, das ist wirklich das Spannende an der Analyse, dass man – ganz wie Freud es dachte – als Erwachsener etwas noch mal anschaut, was man als Kind nicht genügend anschauen konnte. Deshalb ist es auch so wichtig, dass die ganze Szene frei ist von unmittelbarer Triebbefriedigung. Es muss vor allem eine Szene sein, in der aufseiten des Patienten die Partialtriebe der Neugier, des Zeigens und des Gesehenwerdens befriedigt werden und aufseiten des Analytikers das Prinzip des Aufnehmens vorherrscht, dass er dies alles auch zulässt.

QUINDEAU So wie Sie es ausdrücken, ist die Szene eben doch nicht ganz frei von unmittelbarer Triebbefriedigung, und das ist auch gut so. Wenn dies nicht so wäre, würde man es wahrscheinlich gar nicht aushalten. Die Partialtriebe sind sicher auf beiden Seiten anzusiedeln; die Neugier, als Beispiel, scheint mir eine starke Antriebskraft, die die Analyse auch in Gang hält und über Durststrecken hinweghilft, die in dem jahrelangen Prozess doch auch immer wieder auftreten. Da bin ich schon neugierig als Analytikerin, wie sich die unbewussten Sinnstrukturen entfalten, welche Bedeutungen die Symptome bekommen und wie sie zusammenspielen. Das ist manchmal wie ein Rätsel, das sich am Ende der Analyse auflöst. Natürlich muss ich die Neugier auch zügeln – im Unterschied zur Analysand*in*, das gebietet die Abstinenz, aber dass sie mich antreibt, kann ich nicht verhehlen. Es ist also nicht nur ein passives Aufnehmen, wobei ja auch dies lustvoll besetzt werden kann.

SCHMIDBAUER Neben der Neugier finde ich auch etwas wie ein gemeinsames Spiel eine der wichtigen Freuden des Analytikers an seiner Arbeit. Je kreativer und freier ich mich in meinen Einfällen zu den Assoziationen des Patienten fühle, desto eher fühlt auch er sich angeregt und befreit.

Der englische Dichter John Keats schrieb in einem Brief an seine Brüder – ich werde das exakte Zitat später nachtragen und übersetzen –: »Und mit einem Mal fiel mir auf, welche Eigenschaft den großen Mann formt, vor allem in der Literatur, und welche Shakespeare in so hohem Maß besessen hat – ich meine eine Nicht-Fähigkeit, das heißt wenn ein Mann fähig ist, in Unsicherheiten, Geheimnissen, Zweifeln zu bestehen, ohne reizbar nach Tatsachen und Vernunftgründen zu greifen.«

Der britische Analytiker Wilfred Bion hat mit »negative capability« die Fähigkeit des Psychoanalytikers erfasst, die inneren Widersprüche von Menschen aufzunehmen und zu »halten«. Wenn diese beispielsweise ein Liebesobjekt gleichzeitig lieben und hassen, es vernichten wollen und gleichzeitig zwingen möchten, sie niemals zu verlassen, wird der Therapeut diese widersprüchlichen Affekte in sich aufnehmen und so die Kranken unterstützen, den Affektsturm ohne Schaden zu überstehen.

Es ist gewiss kein Zufall, dass Analytiker wie Bion eine eher künstlerische als technisch-lehrbuchhafte Auffassung der Psychotherapie vertreten. Jede Sitzung ist einzigartig und unvergleichbar. Ziel ist der von Keats angesprochene Zustand, in dem seelische Ereignisse so zugelassen werden können, dass etwas Neues entsteht. Die emotionalen, aber auch die wertenden Reaktionen eines Gegenübers werden nicht bewertet und nicht als Forderung erlebt, etwas zu verändern. Sie dürfen wirken. Wenn sie ratlos machen, darf diese Ratlosigkeit sein, und wenn es gelingt, gemeinsam etwas weiterzuentwickeln, ein Spiel und damit ein Ritual zu finden, umso besser.

Die negative Kompetenz weckt Erinnerungen an die Kindheit und verbindet eine Situation mit den Möglichkeiten, aber auch den heftigen Ängsten der kindlichen Welt. Kinder sind neugierig und offen, sie erleben Eindrücke intensiv, mit dem Glanz des »ersten Mals«, ohne Routine. Das liegt auch daran, dass sie keinen Maßstab haben, den sie anlegen, da sie weder messen wie der Techniker noch vergleichen wie der Kritiker.

Diese Betrachtungsweise ist alles andere als kinderleicht. Kinder erleiden sie, ohne es zu wollen. Erst als Erwachsene erkennen wir den Reichtum der kindlichen Erlebnismöglichkeiten.

Ich denke, dass das sexuelle Agieren eigentlich das Gegenteil von dem ist, dass man Erlebnisse in ihrem Recht und in ihrer Qualität erst einmal stehen lässt und anschaut und nicht schon etwas mit ihnen *macht*.

Das ist meines Erachtens auch jener Punkt, an dem die Analyse viel mehr Kunst ist als Wissenschaft, oder jedenfalls darin eine künstlerische Seite hat in dem Sinne, dass Dinge, die entstehen, auch zugelassen werden. Das Spezielle am Kunstwerk ist, dass es erst einmal zu nichts nütze ist. Das Kunstwerk ist ja kein Werkzeug, mit dem man irgendwas machen kann, sondern das Kunstwerk existiert für sich und kann für sich angeschaut werden. Das ist meines Erachtens die entscheidende Qualität in der Analyse, diese Fantasieproduktionen oder die Träume oder was in dem Patienten aufsteigt und was mit dessen Geschichte zu tun hat, dass das einfach nur angeschaut wird, also mit demselben Blick, mit dem man ein Kunstwerk betrachtet. Ein Kunstwerk ist eben nichts, mit dem man etwas Funktionelles anstellen kann, also anders als bei der Sexualität, die auf eine Triebbefriedigung abzielt. Das wäre in der Analyse aber so, als würde man eine Holzstatue verheizen oder die Mona Lisa als Dachpappe benutzen.

QUINDEAU Das könnte ja auch mal Spaß machen … Aber im Ernst, die Frage nach Kunst oder Wissenschaft beschäftigt die Psychoanalyse ja schon lange. Mit der Ziel- oder Tendenzlosigkeit benennen Sie einen konstitutiven Punkt in der Analyse, der in Zeiten der evidenzbasierten Medizin leider kaum mehr einen Platz zu haben scheint. Doch die »Fähigkeit zur Unfähigkeit« lässt sich eben gerade nicht manualisieren. Bei aller Notwendigkeit wissenschaftlicher Studien zur Wirksamkeit von Psychoanalysen besteht gerade in diesem kontemplativen Moment, dem absichtslosen Anschauen und Abwarten, was sich ergibt – wie Sie das gerade so schön im Falle der Kunst beschrieben haben – eine kaum auflösbare Spannung zur Forderung nach operationalisierbarem Vorgehen.

Hier ist soeben der Begriff »Trieb« gefallen. Frau Professorin Quindeau, Sie verwenden da lieber den Begriff des Begehrens.

QUINDEAU Ja, obwohl ich das Gleiche meine, was Freud mit dem Triebbegriff gemeint hat. Aber mein Eindruck ist, dass dieser inzwischen unrettbar verloren ist, weil »Trieb« nicht selten so eine schlichte Vorstellung wie bei einem Dampfkessel hervorruft, als wäre da so etwas wie ein kochender Topf mit Wasser, der einfach mal irgendwie »entladen« werden muss, damit es anschließend wieder gut ist und Ruhe einkehrt. Im Unterschied dazu war es eigentlich ein sehr elaboriertes Konzept, das Freud in die Welt gesetzt hat. Aber seine Differenziertheit ist, glaube ich, nie wirklich angekommen, nicht nur im Alltagsverständnis, sondern auch innerhalb der Psychologie und Psychoanalyse. Besonders absurd erscheint mir, dass Freud dafür oft kritisiert wird und gerade für Vorstellungen, die ursprünglich mit dem Konzept gar nichts zu tun haben.

Ich versuche also eine Rückübersetzung des Triebbegriffs. Freud hat das Konzept ursprünglich aus dem Begriff des Wunsches entwickelt, das sich etwa im berühmten siebten Kapitel der »Traumdeutung« findet. Im Französischen beispielsweise heißt der Wunsch »désir«, was meistens mit »Begehren« übersetzt wird. Und daran möchte ich anknüpfen und beziehe mich allerdings nicht auf Jacques Lacan, der ein anderes Konzept daraus gemacht hat, sondern eben auf das ursprüngliche Wunsch-Konzept von Freud selbst.

SCHMIDBAUER Es ist vielleicht nicht unwichtig, dass Freud stark von Darwin beeinflusst war und davon ausging, dass auch der menschliche Organismus ein Produkt der Evolution ist. Er hat gerne über die Philosophen gespottet und es mit Schiller gehalten, der im Gedicht »Die Weltweisen« über die Natur schrieb: »Einstweilen, bis den Bau der Welt, Philosophie zusammenhält, Erhält sie das Getriebe, Durch Hunger und durch Liebe.«

QUINDEAU Genau, umso mehr ist es schade, dass das Triebkonzept im Mainstream der amerikanischen Psychoanalyse inzwischen völlig verschwunden ist, es scheint keine wichtige Dimension mehr zu sein. Das mag zum einen mit den schon genannten Missverständnissen zu tun haben. Im Englischen wird »Trieb« oft noch als »instinct« übersetzt, also geradezu dem Gegenteil des ursprünglich Gemeinten. Zum anderen spielt die Vorstellung von Intersubjektivität eine wichtige Rolle in den USA, die sich aus der Selbstpsychologie im Sinne Heinz Kohuts herausentwickelt hat. Ansatzpunkt war die Kritik an Freud und seiner Forderung, die Analyse müsse in einer abstinenten und neutralen Haltung geführt werden.

SCHMIDBAUER Freud war in seiner Praxis sehr warmherzig, humorvoll und neugierig, das sagen fast alle, die mit ihm persönlich zu tun hatten. Aber ich denke, dass er in seinen Vergleichen mit dem geschliffenen Spiegel und dem chirurgischen Eingriff die zweite, wichtige Komponente herausarbeiten wollte: die Distanz von der Suggestion, von der Hypnose, die ja seine Anfänge beherrscht hatte.

QUINDEAU Wir können dieses komplexe Thema hier nicht in aller Ausführlichkeit behandeln, aber ich glaube, dass Freud Neutralität und Abstinenz nie so gemeint hat, wie sie in seiner Nachfolge gehandhabt wurden. So versteht etwa Michael Ermann in »Der Andere in der Psychoanalyse« unter Abstinenz »die Frustration von Kontakt- und Bindungsbedürfnissen« und ein kühles, distanziertes Beziehungsklima. Und wenn man ältere Kollegen und Kolleginnen hört, die von ihren Analysen bei orthodoxen »freudianischen« Analytikern erzählen, scheint das ja tatsächlich zu absurden Situationen geführt zu haben. Die Rede vom

»lackierten Blechaffen« hatten wir ja schon. Inzwischen ist aber bei aller berechtigten Kritik an diesem Vorgehen die unbewusste sexuelle Dimension menschlicher Beziehungen bei dieser therapeutischen Richtung ziemlich in den Hintergrund getreten.

Und überhaupt hat sich das Behandlungsverständnis grundlegend geändert.

QUINDEAU Dies beginnt schon in der Auseinandersetzung zwischen Freud und Ferenczi. Letzterer betonte die Bedeutung der realen Beziehung in der Analyse und stellte die Notwendigkeit der Abstinenz infrage. Interessanterweise hatte Ferenczi – wie auch Carl Gustav Jung und andere – ja auch sexuelle Beziehungen zu Analysandinnen und sah darin offenbar kein Problem. Wie Sebastian Krutzenbichler und Hans Essers in ihrer klugen und äußerst unterhaltsamen Studie »Muss denn Liebe Sünde sein?« darstellen, bilden die libidophobe Grundhaltung einerseits und die sexuellen Grenzüberschreitungen andererseits nur zwei Seiten derselben Medaille, denn die Angst vor der Übertragungsliebe und deren Abwehr provozieren die Entgleisungen geradezu. Mit der Frage »Kann ein Schiff seekrank werden?« haben sie die Spannung genau auf den Punkt gebracht, wenn Analytiker*innen* antreten, »verdrängte Liebe zu befreien«, wie es Freud in »Der Wahn und die Träume in W. Jensens ›Gradiva‹« von 1907 beschrieben hat, und zugleich angstvoll davor zurückschrecken.

Freuds Ermahnungen zur abstinenten Haltung sind übrigens auch erst vor diesem Hintergrund entstanden. Wie der Briefwechsel mit Jung, dem damaligen Kronprinzen der Psychoanalyse, zeigt, verurteilte er dessen Affäre mit seiner Patientin und späteren Lehranalysandin Sabina Spielrein aufs Schärfste.

SCHMIDBAUER Allerdings, und das finde ich wichtig, ohne den Humor zu verlieren und Jung als moralischen Versager darzustellen – eher als Forscher, der nicht mit den kostbaren Gefäßen umgehen kann, mit denen er hantiert, und es künftig besser machen sollte.

QUINDEAU Die intersubjektive Psychoanalyse bezieht sich nun sehr auf Ferenczi, und es scheint interessant für unsere Frage nach den Liebesgefühlen in der Therapie, sich das noch einmal genauer anzusehen: Im Mittelpunkt des intersubjektiven Verständnisses steht die Begegnung von zwei Subjekten, also die reale Beziehung von Patient*in* und Analytiker*in*, die in der Freud'schen Psychoanalyse überhaupt nicht vorkommt. Dort war die analytische Beziehung gedacht als Projektionsfläche, auf der sich die Übertragungen der Analysand*innen* inszenieren konnten. Aktualisiert werden sollten damit die konflikthaften vor- und außersprachlichen Beziehungserfahrungen, also das, was jemand im Verlauf seiner Lebensgeschichte erlebt hat, aber nicht in Worte fassen kann, weil es aufgrund der Konflikthaftigkeit aus der Sprache beziehungsweise dem Bewusstsein ausgeschlossen ist. In diesem Verständnis, für das der Konflikt zentral ist, der sich in der Beziehung inszeniert, bin ich als Analytikerin also nicht so sehr ein hilfreiches, förderliches Gegenüber, wie dies in der intersubjektiven Therapie gedacht wird. Vielmehr werde ich in der Übertragung zu genau der uneinfühlsamen, wenig interessierten oder gar bedrohlichen und übermächtigen Person, als die die Analysandin zu ihren Kinderzeiten möglicherweise ihre Mutter oder ihren Vater wahrgenommen hat.

Das ist oft nicht so einfach auszuhalten, denn man wäre als Analytikerin ja gern nett und hilfreich. Ich könnte mir vorstellen, dass dies mit ein Grund ist für den Siegeszug der intersubjektiven Psychoanalyse, bei der der Konflikt keine besondere Rolle mehr spielt, sondern es vielmehr um »korrigierende Erfahrungen« geht, wie dies der Psychosomatiker Franz Alexander schon in den Fünfzigerjahren genannt hat, der damals noch sehr dafür kritisiert wurde. Verloren gehen in diesem Behandlungsansatz die konstitutive Bedeutung des Konflikts und die infantile Sexualität, beides Freud'sche Grundannahmen, die Ferenczi bereits 1930 abgelehnt und durch eigene Vorstellungen ersetzt hat. So vertritt er die pathetische Idee vom »unschuldigen Kind«, das frei von Ambivalenz sei und nur Spiel und Zärtlichkeit wolle. Ein solches Menschenbild kehrt nun in der intersubjektiven Psychoanalyse wieder. So sehr uns Ferenczi für die Bedeutung von Traumatisierungen sensibilisiert hat, was von unverzichtbarer Bedeutung für die Weiterentwicklung der Psychoanalyse ist, so problematisch erscheinen seine Ansichten in Bezug auf das Sexuelle, etwa: »Rückkehr zur allgemein gültigen Auffassung: es gibt keine extragenitale infantile Sexualität«, wie er 1932 schrieb.

SCHMIDBAUER Ich denke auch, dass die Rede von der besseren Beziehungserfahrung, wie sie Franz Alexander eingeführt hat, sehr dazu verführt, die Übertragung im positiven Bereich zu halten. Das engt die Möglichkeiten der Analyse ein.

QUINDEAU Die infantile Sexualität stellt das eigentliche Skandalon der Freud'schen Sexualtheorie dar. Von daher erscheint eine solche Revision natürlich erheblich gefälliger, doch ist sie mit gravierenden Veränderungen verbunden. Im Unterschied zu einer angeborenen, reifungsbedingten Sexualität, die erst im Zuge der Pubertät Bedeutung erhält, verankert Freud die infantile Sexualität des Säuglings in Organfunktionen und Körperzonen, die Orte intensivsten Eingreifens mütterlicher Handlungen und Fantasien sind. Hier bilden sich die entscheidenden Beziehungserfahrungen und Muster im Umgang mit Befriedigung und Versagung, die sich in der analytischen Situation in der Übertragung finden. Es geht um die innere Welt der Analysand*innen*, zu der sie den Zugang verloren haben, um die kindliche, magische Fantasiewelt, die in den Symptomen auch im Erwachsenalter noch wirkmächtig ist.

Doch diese Dimensionen sind aus einer »realen« Beziehung ausgeschlossen. Das intersubjektive Vorgehen wiederholt also genau den Ausschluss, der zu den Symptomen geführt hat. Die magische, faszinierende und bedrohliche Fantasiewelt wird nicht erlebbar und bleibt unzugänglich, wenn man sich als Analytiker*in* als das bessere Objekt anbietet, das zuverlässiger und weniger bedrohlich ist als die primären Bezugspersonen, und den schmerzlichen, traumatisierenden Erfahrungen angenehmere Beziehungserfahrungen entgegensetzt.

SCHMIDBAUER Das ist mir jetzt zu dogmatisch.

QUINDEAU Dogmatisch? Mir scheint es eher um ein Ernstnehmen des Unbewussten zu gehen.

SCHMIDBAUER Wir wissen doch einfach nicht, ob eine Analysandin sich durch die intersubjektiv vorgehende Analytikerin darin blockiert fühlt, bestimmte Fantasien zuzulassen oder nicht. Auf jeden Fall ist eine Analytikerin doch ein anderes Objekt, schafft eine andere Erlebniswelt als eine überangepasste Mutter oder ein missbrauchender Vater. Wir können den Zugang zu der präödipalen und ödipalen Fantasiewelt weder mit Gewissheit herstellen noch vermeiden. Eine forschende Haltung, wie sie zur Analyse gehört, ist im Grunde immer auch eine korrigierende Erfahrung, die – kulturell gesehen – die Individualisierungsmöglichkeiten einer Person stärkt und sie darin fördert, über die eigene Geschichte zu verfügen.

Und was heißt das jetzt konkret für den Umgang mit Liebesgefühlen?

QUINDEAU Sexualität wird in den intersubjektiven Ansätzen ganz anders gefasst. In der Freud'schen Psychoanalyse und ihren Neuerungen wie der von Laplanche geht es um die infantile Sexualität, die sich in all unsere Erlebens- und Verhaltensweisen, also auch die sogenannten nichtsexuellen, einmischt und damit auch eine Rolle spielt in jeder analytischen Beziehung, unabhängig davon, ob es konkret Liebesgefühle gibt oder nicht.

Hingegen wird Sexualität in der intersubjektiven Psychoanalyse als genitale verstanden. Entsprechend verschiebt sich der Fokus wieder auf die Übertragungsliebe als Widerstand, als etwas, was den psychoanalytischen Prozess stört.

SCHMIDBAUER Ich habe wenigstens Kohut immer so verstanden, dass er die infantile Sexualität keineswegs ignorieren oder gar ausgrenzen will; er richtet nur eine zweite Baustelle in der ersten, der klassischen Analyse ein. Und wie es schon Freud in einer seiner schönsten archäologischen Metaphern beschrieben hat, sind in der unbewussten Welt Bauten der unterschiedlichsten Epochen gleichzeitig da und wollen alle erforscht werden. Also warum nicht beides erforschen, auf beides achten?

QUINDEAU Allerdings ist Sexualität in ihren konkreten Ausformungen, also da, wo es um konkretes Verhalten und Handeln geht, in der intersubjektiven Psychoanalyse in den USA viel stärker Thema als hierzulande. So beschäftigen sich auch viel mehr schwule und lesbische Kolleginnen und Kollegen als bei uns mit den psychoanalytischen Konzepten. Das finde ich ganz interessant. Da herrscht eine ganz andere Offenheit für konkret *gelebte* Sexualität als in der deutschsprachigen Psychoanalyse – jedenfalls ist das meine Erfahrung. Hier ist alles sehr heteronormativ.

VERLIEBTHEITSGEFÜHLE

»In dem Augenblick, in dem man bemerkt, dass Abhängigkeiten entstehen und die eigene Selbstwertstabilisierung wichtig wird, sollte man aufmerksam werden. Das spüren wir doch in Therapien, wenn uns etwas ›bedrängt‹.«
Ilka Quindeau

Idealisierungen auf beiden Seiten

Lassen Sie uns über die Idealisierungen bei einer Verliebtheit sprechen. Auch zu ihnen sollte ein Therapeut eine reflektierte Haltung einnehmen.

SCHMIDBAUER Durch die Idealisierung gewinnt der Therapeut Macht. Wer Macht erhält, gerät immer in Versuchung, sie zu missbrauchen. In der Therapie bedeutet das, Macht zu anderen Zwecken einzusetzen als zum Wohl des Klienten. Die Grenzen, innerhalb derer sich der Helfer bewegen soll, werden durch seine Ausbildung vorgeformt und während seiner Arbeit durch seine berufliche und persönliche Entwicklung verändert. Es werden sogar Reglements diskutiert, in denen ein Analytiker bereits als wenig abstinent gilt, wenn er Analysen in seiner Privatwohnung durchführt oder das Behandlungszimmer mit den Bildern schmückt, die ihm gefallen.

Die Analyse ist ein potentes Mittel, um Macht auszuüben. Diese Rolle des Analytikers, der die intellektuelle Überlegenheit hat, kann schnell zum Machtmissbrauch führen, wenn jemand dieses Instrument nicht nur einsetzt, um eine analytische Situation herzustellen, und wenn das Ergebnis nicht partnerschaftlich und konsensuell validiert wird. Ich kann hierzu ein eher harmloses Beispiel für den Missbrauch der analytischen Dominanz geben:

Ich habe einmal in der Supervisionsgruppe einer psychotherapeutischen Klinik erlebt, wie der in psychoanalytischer Ausbildung befindliche Oberarzt einer Krankenschwester, die ihm im Team seine Unpünktlichkeit vorgeworfen hatte, vorhielt, sie müsste doch mal ihren Vaterkomplex analysieren. Er missbrauchte ein psychoanalytisches Konzept, um eine überlegene Rolle aufrechtzuerhalten und berechtigte Kritik abzuwehren. Und das ist immer eine Gefahr. Ich denke, Analyse ohne klaren

Auftrag ist destruktiv. Man muss sehr aufpassen in allen analytischen Gremien, dass die Kollegen nicht denken, sie könnten, wenn sie irgendwie in Not kommen oder sich in die Enge getrieben fühlen, plötzlich den Analytiker aus der Westentasche zaubern und das Verhalten des Gesprächspartners so deuten, dass sie wieder im Recht sind.

Quindeau Mein Gefühl ist, dass eine gewisse Idealisierung vonseiten des Analysanden am Anfang wahrscheinlich unvermeidlich ist. Und das scheint mir auch gut so, denn dies unterstützt die Motivation, eine Analyse aufzunehmen, und die Zuversicht, dass auch etwas daraus wird. Die Frage, die ich mir dabei stelle, ist, ob es nicht auch umgekehrt eintritt, ob nicht auch wir, wenn wir jemanden neu in die Therapie nehmen, ihn oder sie in gewisser Weise idealisieren. Also steht am Anfang einer Analyse eine gegenseitige Idealisierung, man hat sich gegenseitig gewählt und ist bereit, einen längeren Weg miteinander zu gehen, sich auf einen unbekannten Prozess einzulassen. Das ist immer wieder aufregend und zeigt sich ja auch oft an einer angenehm gehobenen Stimmung zu Beginn, eben dem »Honeymoon« der Analyse.

Schmidbauer Ja, ich denke, es ist immer gegenseitig. Das ist ja auch etwas Positives. Ich sage immer, wenn Menschen sich nicht verlieben könnten, wären sie schon längst ausgestorben. Selbstüberschätzung und Überschätzung des Liebesobjektes gehören zusammen und sind notwendig, um das Unternehmen der Familiengründung zu riskieren. Wir würden es gar nicht machen, wenn wir nicht die Fähigkeit hätten, uns selbst und auch den Partner zu idealisieren, das Kind am Ende dann auch gleich noch dazu. Wenn der Mann Sorge hat vor all den schlaflosen Nächten mit dem Neugeborenen, dann sagt die Frau: »Unser Kind ist bestimmt ein ganz ruhiges Kind, das nachts nicht schreit.« Da geht es mit der Idealisierung ja schon los.

Quindeau Wenn man das überträgt auf den analytischen Kontext, dann wäre ja das Kind die Analyse, der analytische Prozess, der tendenziell überschätzt wird am Anfang. Bei jeder Therapie aufs Neue ist es doch so, dass wir anfänglich die Möglichkeiten dieses Prozesses überschätzen – auch nach zwanzig Jahren noch, wenn man doch eigentlich glaubt, man hätte es jetzt begriffen und durchschaut. Ich würde also schon sagen, dass dann beide Seiten auch gemeinsam an der Entidealisierung arbeiten.

Insofern ist eine Analyse dann abgeschlossen, wenn ein einigermaßen realistisches Bild vom Gegenüber und vom Prozess entstanden ist. Darin steckt auch ein Spannungsbogen, den man nicht vorzeitig abbrechen sollte. Wenn wir in der Mitte aufhören würden, dann wären beide Seiten vielleicht geneigt zu sagen: »Ach, das ist ja alles super!« Man muss wirklich möglichst ganz da durchgehen. Und das ist ein Aspekt, warum das, was eine Analyse erreichen kann, häufig unterschätzt wird, weil man am Ende nach der langen Zeit eben nicht mehr dieses Honeymoongefühl hat, was vermutlich bei Kurztherapien über den gesamten Verlauf auftritt: »Ach, das war toll und hat mir dabei und hierbei geholfen.« Dies herzustellen ist mit fünfundzwanzig oder fünfzig Sitzungen leichter zu erreichen; da hält sich die Idealisierung und wird eben nicht aufgelöst.

SCHMIDBAUER Ja, man erlebt den Patienten, bevor sich in der therapeutischen Beziehung auch die ersten Schattenseiten einstellen. Ehe das geschieht, ist er schon wieder entlassen.

QUINDEAU Ja, man kann die Idealisierung bis zu einem frühen Ende aufrechterhalten.

SCHMIDBAUER Jede Beziehung fängt in gewisser Weise erst mal mit Projektionen an, was schon ganz einfach daran abzulesen ist – was ja in der Verliebtheit sehr deutlich wird –, dass man denkt: »Endlich habe ich einen Partner gefunden, der genauso denkt und fühlt wie ich.« Wenn sich die Beziehung im Fortgang stabilisieren soll, dann muss man irgendwie die Tatsache, dass das nicht so ist, mit Humor verarbeiten können, und zwar ohne die guten Gefühle zu verlieren.

Wenn das gut läuft, dann hat das etwas Entspannendes: Keiner muss perfekt sein. Man kommt irgendwie zusammen weiter. Es scheint mir durchaus vergleichbar: Die Stabilisierung einer analytischen Beziehung und die Stabilisierung einer Liebesbeziehung sind ähnliche Mechanismen, nur hat man es in der Analyse leichter, weil die Sache viel begrenzter ist und man in einem entspannten Feld arbeiten kann. Wenn ein verliebtes Paar ein Kind bekommt, dann ist das eine anspruchsvollere und riskantere Veranstaltung.

QUINDEAU Ja, und das ist deshalb interessant, weil häufig – wenn man sich die Literatur anschaut – ganz viel Anstrengung darauf verwendet wurde, deutlich zu machen, wo der Unterschied liegt zwischen Übertragungsliebe und sogenannter echter Liebe. Es gibt eine ganze Reihe Theoretiker, die sich damit beschäftigt haben, und, je nach Position, ganz polarisiert einschätzen: Es gibt keine Unterschiede oder es ist etwas völlig anderes. Wenn man das aber so betrachtet, wie Sie soeben, dann macht das sehr deutlich, dass beide von der Art her sehr ähnlich sind, dass aber der ganze sonstige Alltagskontext in der analytischen Beziehung wegfällt. Anthony Giddens hat in »Wandel der Initimität« das als eine reine, pure Beziehung bezeichnet. Das verstärkt natürlich die Idealisierung.

Woran merken Sie eine frühe Übertragungsliebe und eine solche Idealisierung?

SCHMIDBAUER Wenn man zum Beispiel aus dem ersten Urlaub, den der Patient macht, eine ganz liebevolle, aufmerksame Karte erhält. Eigentlich auch schon daran, wie jemand zur Tür herein- und auf einen zukommt. Das ist ja unter-

Echte Liebe

»Man hat kein Anrecht, der in der analytischen Behandlung zutage tretenden Verliebtheit den Charakter einer ›echten‹ Liebe abzustreiten.«

Nach: S. Freud (1915a). Bemerkungen über die Übertragungsliebe. GW X. Frankfurt a. M.: Fischer. S. 317.

schiedlich, ob das eher geschäftsmäßig ist oder ob er strahlt und lächelt. Die Stimmung, in der ein Patient oder eine Patientin einen begrüßt, sagt viel aus. Was sich dann zusätzlich oft beobachten lässt, ist eine besonders hohe Kränkbarkeit. Der idealisierte Therapeut wird als jemand erlebt, der mich ganz und gar versteht, es ist eine Katastrophe, wenn er das nicht tut.

QUINDEAU Ich würde die Idealisierung am Anfang und die ersten Anzeichen einer beginnenden Übertragungsliebe auch an der Atmosphäre festmachen. Man merkt es an der Art und an der Stimmung, *wie* jemand in die Stunde kommt oder wie er oder sie etwas sagt, nicht so sehr daran, *was* gesagt wird. Aber auch daran, dass sich jemand besonders hübsch macht oder ich den Eindruck habe, dass er oder sie mir gefallen will. Der Wunsch, der Analytikerin zu gefallen, scheint mir besonders wichtig in diesem Zusammenhang. Ich glaube, dass dies unbewusst alle Analysand*inn*en machen, dass dies ein integraler Bestandteil jeder Analyse ist. Sie versuchen, mich zu verführen und mich für sich zu gewinnen. Der Wunsch, mir zu gefallen, kann ganz unterschiedliche Formen annehmen und bezieht sich selbstverständlich nicht nur auf das Äußere. Es gibt Analysanden, die beispielsweise sehr witzig sind, und dies natürlich ausbauen, wenn sie spüren, dass mir das gefällt. Oder andere verführen mit ihrem Scharfsinn, mit ihrer intellektuellen Art zu denken und die Dinge darzustellen. Und wieder andere sind einfach nett und so sympathisch, dass man gar nicht anders kann, als sie zu mögen. Das ist wirklich sehr verschieden. Man spürt Unterschiede im Ausmaß an Idealisierung, die atmosphärisch schnell deutlich werden. Da ein gewisses Maß an Idealisierung konstitutiv zur Analyse dazugehört, würde ich sie auch gar nicht deuten. Ich würde es meinerseits nicht zum Thema machen. Aber so eine Urlaubskarte schon. Oje, vielleicht bekomme ich selbst ja deshalb keine …

SCHMIDBAUER Es kommen natürlich auch unterschiedliche Karten. Manchmal steht ja nur darauf, wo jemand gewesen ist. Bei einer Idealisierung steht aber vielleicht drauf: »Sie haben mir gefehlt.«

QUINDEAU Was ja eigentlich ganz schön ist … Würden Sie das denn nach den Ferien zum Thema machen?

SCHMIDBAUER Ich würde es aufgreifen, wenn sich die Gelegenheit ergibt. Es von mir aus gleich anzusprechen käme mir kontrollierend vor, als müsste sich die Analysandin künftig genau überlegen, ob sie mir schreibt oder nicht – und ich will sie ja in ihrer Ausdrucksbereitschaft eher fördern und verstehen.

QUINDEAU Sandor Ferenczi hat in »Ohne Sympathie keine Heilung« geschrieben, dass es ein ganz wichtiges Kriterium ist, ob das Gefühl zum Patienten von Gutartigkeit bestimmt ist oder von Gefahr. »Gutartig« meint, dass der Therapeut dem Patienten gefehlt hat und dieser das auch ausdrückt, aber gleichzeitig zeigt, dass er positiv damit umgeht. Man muss sehr auf diese Spirale aufpassen, dass jemand nicht in das Gefühl gerät: Je schlechter es mir geht, desto mehr kriege ich von meinem Therapeuten.

Und genau das, glaube ich, tritt besonders dann auf, wenn ein Therapeut selbst nach Idealisierung hungert und das nicht reflektieren und auch nicht selbstironisch brechen kann. Wir kochen alle nur mit Wasser und keiner ist im Besitz der überlegenen Weisheit. Jeder Therapeut ist auf Kooperation angewiesen und kann niemanden »heilen«, der sich ihm lediglich zu Füßen legt und am liebsten selbst nichts machen mag. Ich spreche jetzt von der Gefahr der malignen Regression, in der es dem Patienten schlechter geht und er gleichzeitig sagt, der Therapeut sei wundervoll und hilfreich. Wenn diese Paradoxie nicht bearbeitet wird, weil der Patient zu viel suggestive Macht entfaltet, dann wird es schwierig.

SCHMIDBAUER Ich habe das mal in einer Teamsupervision miterlebt: Eine Gestalttherapeutin opferte öfter ihre Mittagspause für eine Patientin. Es handelte sich um eine Beratungsstelle und die Patienten mussten nichts für die Termine bezahlen. Das Kontingent, das sie normalerweise zur Verfügung hatte, war längst ausgeschöpft, aber die Patientin sagte zur Therapeutin sinngemäß: »Ich brauche dich noch dringend, du hast mir wahnsinnig geholfen und meinem Leben eine neue Richtung gegeben.« Die Richtung bestand darin, dass sie ihren Beruf aufgeben und selbst Therapeutin werden wollte. Sie entdeckte ein schreckliches Erlebnis nach dem anderen in ihrer Vergangenheit und erklärte, die Einzige, die ihr helfen könne, sei diese Therapeutin. Die Kollegen im Team ärgerten sich zunehmend darüber, dass sie zum gemeinsamen Mittagessen immer seltener erschien, aber die Therapeutin wusste sich nicht anders zu helfen.

Solche Entwicklungen, auf die man das Etikett »maligne Regression« kleben kann, hängen mit einer Unsicherheit zusammen, ob die Therapeutin etwas tun darf, was die Idealisierung durch die Patientin infrage stellt. Ihre Selbstidealisierung ist geschwächt, sie kann nicht darauf verzichten, sich für ihren Einsatz, der das professionelle Maß übersteigt, bewundern zu lassen. Das betrifft auch die Geldfrage. Wenn jemand jede zweite Stunde nicht erscheint und mir der Ausfall nicht bezahlt wird, dann bin ich ganz und gar nicht mehr entspannt und büße – wie könnte es anders sein? – »meine gleichschwingende Aufmerksamkeit« ein, weil ich immer an das Geld denken muss …

QUINDEAU Ja, ja, mit dem Geld ist das so eine Sache … In dem Beispiel, von dem Sie berichten, läuft die Idealisierung jedenfalls tatsächlich auf eine Selbstwertstabilisierung der Therapeutin hinaus. Heinz Kohut hat verschiedene Formen beschrieben, wie das abläuft, wenn sich jemand eine Person sucht, die so stark idealisiert wird, dass man durch die Teilhabe an der Beziehung nur die eigene Selbstwertstabilisierung erreichen will. Das ist dann etwas Malignes. Das sind natürlich ungute Prozesse. In dem Augenblick, in dem man bemerkt, dass Abhängigkeiten entstehen und die eigene Selbstwertstabilisierung wichtig wird, sollte man aufmerksam werden. Das spüren wir doch in Therapien, wenn uns etwas »bedrängt«.

SCHMIDBAUER Das, was ich gerade etwas ironisch angesprochen habe, diese gleichschwingende Aufmerksamkeit, halte ich für ein ganz gutes Kriterium. Wenn man sich so entspannt fühlt, dass man alles, was der Patient sagt, mit gleicher Aufmerksamkeit annehmen kann, ist der Prozess in Ordnung. Wenn hingegen das Gefühl entsteht, es müsse dringend etwas anders sein, etwas getan werden, dann kann die Aufmerksamkeit nicht mehr schweben. Sie sitzt fest. Es fehlt ein Gefühl von Weite, das uns einen Raum offen lässt, in dem wir entspannt aufnehmen können, was der Patient ausdrückt.

Ich denke, man fühlt sich in einer Therapie dann wohl, wenn die professionelle Rolle ausreichend anerkannt wird. Dazu muss man sich aber mit dem Patienten auf den Austausch einigen und ihm auch freundlich erklären, was geht und was nicht geht. Beginnende Analytiker denken oft viel zu schnell an Widerstand oder Abwehr, wenn ein Analysand noch nicht verstanden hat, was er bekommen kann und was nicht und welchen Sinn die Einschränkungen haben, auf die seine Wünsche unter Umständen stoßen. Ich habe immer wieder den Eindruck, dass die Bereitschaft der Patienten unterschätzt wird, mit dem Analytiker zusammenzuarbeiten. Das Wort »Widerstand« hat so einen »Halo-Effekt«, der für den analytischen Prozess nicht gut ist. Freud ist ja oft recht scharf in seiner Wortwahl, wenn er über seine Methode schreibt.

QUINDEAU So ähnlich wie »Abwehr«, das klingt auch

> **Halo-Effekt**
>
> Den Begriff »Halo-Effekt« führte Edward Lee Thorndike in die psychosozialen Arbeitsfelder ein, nachdem dieser Effekt bereits von Frederic L. Wells 1907 beobachtet worden war. Gemeint ist, dass eine bestimmte (positive oder negative) Eigenschaft eines Menschen vorschnell auf andere Verhaltensfelder übertragen wird. Wer beispielsweise mit Kindern empathisch und liebevoll umgeht, gilt als »lieber Mensch«. Wer etwas entschieden nicht will, gilt schnell als renitent.

recht negativ, ist aber unverzichtbar für das psychische Funktionieren.

SCHMIDBAUER Ja, oder Wiederholungs*zwang*. Freud hat sich jedenfalls immer dagegen gewehrt, die Dinge zu beschönigen. Entsprechend ist seine Wortwahl ausgefallen. Wenn jemand sagte: »Also, jetzt mal ganz ehrlich …«, dann soll er gekontert haben: »Heißt das, Sie haben bisher gelogen?«

QUINDEAU Ich möchte noch mal auf das unterschiedliche Ausmaß an Idealisierung zurückkommen. Wir haben die milde, unanstößige Form am Anfang der Analyse beschrieben und die maligne, bedrängende Ausprägung. Es gibt nun noch einiges dazwischen, das mir auch behandlungstechnisch bedeutsam erscheint, weil man darauf eingehen muss und es nicht einfach laufen lassen kann wie die milde positive Übertragung. Soeben hatten wir den Wunsch, dem Analytiker oder der Analytikerin zu gefallen. So unproblematisch sich dies atmosphärisch auch zunächst anfühlen mag, leitet dies doch auch vieles von dem, was jemand in die Stunde einbringt oder was nicht. Wir müssen ja heute auch davon ausgehen, dass potenzielle Analysand*inn*en ihre Analytiker*inn*en erst einmal googeln, häufig noch bevor sie den ersten Termin ausgemacht haben. Deutlich einfacher als früher bekommt man damit Auskünfte über unsere Interessen und Aktivitäten außerhalb des Behandlungsraums. Mal ganz abgesehen davon, ob der Google-Algorithmus auch ein zutreffendes Bild vermittelt, werden diese Informationen von den Analysand*inn*en genutzt, und zwar sowohl bewusst als auch unbewusst.

SCHMIDBAUER Wer heute in Freuds Praxiszimmer in Wien blickt, dem wird sofort klar, wie die Spiegelmetapher *nicht* gemeint ist: als Aufforderung, durch eine ausdrucksarme, glatte Oberfläche dafür zu sorgen, dass sich die Übertragung des Analysanden dadurch klar abzeichnet, indem der Analytiker möglichst wenig Reize setzt, möglichst nicht in eigenen Gestaltungen präsent wird. Die neutrale Haltung des Analytikers entsteht nicht durch seinen Verzicht auf Ausdruck seiner Persönlichkeit, seiner Geschichte, seiner ästhetischen Vorlieben. Sie entsteht dadurch, dass er sich nicht aufdrängt, dass er bereit ist, den eigenen Anteil an jeder Szene zu reflektieren, und diese Reflexion im Dienst der Unterstützung des Analysanden steht.

QUINDEAU So ist mir etwa aufgefallen, dass sich zu einer bestimmten Zeit, in der ich mich mit dem Nationalsozialismus und der transgenerativen Weitergabe befasst habe, eine ganze Reihe von Patient*innen* plötzlich von ihren Groß- oder Urgroßeltern erzählt haben. Oder dass zu einer anderen Zeit Aspekte des Geschlechts oder der Sexualität zum Thema wurden.

SCHMIDBAUER Ich vermute, dass hier sehr subtile Verstärker am Werk sind. Beim Jung'schen Analytiker träumen die Patienten von Archetypen, beim Freud'schen von ödipalen Inhalten. Oder der Analytiker war in einer Supervision und berichtet später: »Als ob mein Patient mitgehört hätte, hat er sich mit einem Mal verändert!«

QUINDEAU Auf der einen Seite glaube ich, dass diese Themen – im Wesentlichen unbewusst – dazu eingesetzt werden, um mir zu gefallen. Ich beziehe mich jetzt nur auf das unbewusste, weil das bewusste Einsetzen, das natürlich auch manchmal geschieht, sich einfach zu instrumentell anfühlt und wohl eher das Gegenteil erreicht. Auf der anderen Seite frage ich mich schon, inwieweit ich das nicht auch – ebenso unbewusst und zumindest unbeabsichtigt – nicht auch provoziere. Vielleicht lässt sich dies als Beispiel für die Verführung durch die Analytikerin verstehen und für das gemeinsame Zusammenspiel, das sich daraus entwickelt. Wichtig ist mir dabei auf jeden Fall, dies zum Thema in der Behandlung zu machen und nach der Bedeutung zu suchen, die es für die Analysandin oder den Analysanden hat.

In eine ähnliche Richtung gehen für mich Geschenke, die Analysand*innen* manchmal machen. Auch da gibt es unterschiedliche Formen – etwa eine Traumerzählung, wenn ein Analysand merkt, dass mir Träume wichtig sind; oder das bereits genannte Einbringen von Themen, mit denen ich mich befasse oder befasst habe. Man kann dies als kleine Aufmerksamkeit verstehen, als Ausdruck einer milden, positiven Übertragung oder auch einer Übertragungsliebe. Neben diesen virtuellen Geschenken gibt es natürlich auch materielle, die gewisse Schwierigkeiten mit sich bringen können. Auch diese Frage füllt vermutlich ganze Bände in der psychoanalytischen Bibliothek. Während ein unnahbarer Analytiker vergangener Zeiten sämtliche Geschenke rigoros zurückwies und wohl nicht wenige Analysand*innen damit tief beschämte, kann man die Geschenke aber auch nicht einfach freundlich annehmen. Wie bei anderen Formen des Agierens wäre es notwendig, der Bedeutung des Schenkens nachzugehen. Dies zu tun scheint mir allerdings so hölzern und unbeholfen, um etwas zu problematisieren, wenn sich jemand doch so liebevoll bemüht hat, dass ich es noch nie versucht habe – und lieber auch manchmal mit einem schlechten Gefühl zurückblieb. Denn Geschenke, so freundlich sie gemeint sind, können auch etwas Bedrängendes haben.

Schön sehen kann man an solchen Beispielen, dass die Manifestationen der Übertragungsliebe wie jeder Liebe immer ambivalent sind.

SCHMIDBAUER Ich bedanke mich für kleine Geschenke und spreche es nur dann genauer an, wenn ich den Eindruck habe, dass es in den Kontext passt oder dass die Patientin ein Problem damit hat, dass sie sich zum Beispiel manchmal ausgenutzt fühlt. Dann frage ich schon einmal, ob sie enttäuscht ist, dass es keine Gegengeschenke gibt. Aufwendige Geschenke nehme ich nicht einfach an, sondern versuche, meine Verwirrung zu thematisieren und so ein Gespräch einzuleiten, welche Erwartungen mit ihnen verknüpft sind. Aber wenn mir jemand zu Weihnachten eine Tüte selbst gebackener Plätzchen mitbringt, glaube ich der analytischen Arbeit den größeren Gefallen zu tun, wenn ich das *nicht* analytisch bearbeite, sondern so, wie man Plätzchen normalerweise »bearbeitet«.

Übertragungsliebe und Schutzsuche

Der Übertragungsliebe kommt in der Freud'schen Psychoanalyse eine wichtige Bedeutung zu. Gilt das heute immer noch?

QUINDEAU Auch wenn seit den Neunzigerjahren die Übertragungsliebe, das Begehren und die Sexualität im psychoanalytischen Diskurs wieder zunehmend salonfähig werden, ist insbesondere die Übertragungsliebe häufig mit einer Pathologisierung verbunden und erscheint als Gefährdung des psychoanalytischen Prozesses. Immer wieder bemühte man sich um den Unterschied von Übertragungsliebe und Liebe, ohne dass es wirklich Klarheit brachte. Jorge Canestri macht in »A cry of fire« auf einen wichtigen Punkt aufmerksam: Zwar bedient sich der Widerstand der Übertragungsliebe, aber er erschafft sie nicht. Das muss man sich immer wieder deutlich machen, um zu sehen, dass sie nach wie vor ein zentrales Agens der Analyse darstellt.

Allerdings wird sie in den modernen Versionen – wie in der intersubjektiven, relationalen Psychoanalyse – eigentümlich desexualisiert. Ein sprechendes Beispiel dafür ist etwa die »Engelsübertragung« von Jessica Benjamin. Sie beschreibt die Übertragungsliebe als Transformation, in der der Analytiker einem Engel ähnlich wird. Damit ist natürlich jedes triebhafte Moment getilgt. Im Unterschied zu diesem Ansatz betont Johannes Grunert die Bedeutung des Körpers in der Übertragung und führt die Übertragungsliebe auf die archaischen, körperlichen Interaktionen in der frühen Mutter-Kind-Beziehung zurück. Es handelt sich um Vorgänge elementarer Natur. Um diese entziffern zu können, fordert Grunert eine »Verführungsbereitschaft« der Therapeutinnen und Therapeuten.

Eine solche Verführungsbereitschaft ist auch im Hinblick auf die Liebesgefühle der Patientinnen und Patienten von großer Bedeutung, die sorgsam aufgenommen und gehalten werden müssen. Gerd Schmithüsen entwickelt das Konzept einer »unanstößigen Liebesübertragung« und legt dar, wie bedeutsam es für Patient*inn*en ist, eine Resonanz auf ihre Liebeswünsche zu erfahren. Da sich solche Liebesäußerungen häufig eher indirekt zeigen, weil wir nirgends so verletzlich sind wie dort, wo wir lieben – das sagte schon Freud –, ist es für den therapeutischen Prozess besonders wichtig, sie behutsam wahr- und aufzunehmen. Werden sie hingegen – nicht selten aus Angst vor den eigenen Gefühlen – vom Therapeuten übergangen, kann dies frühe belastende und traumatische Erfahrungen von Zurückweisung aktualisieren.

Wenn die Resonanz ausbleibt, hinterlässt dies aufseiten der Patientinnen und Patienten häufig ein Gefühl des Beschämt- und Ausgeliefertseins. Entwertend erscheint auch die oft vorschnelle Klassifizierung der erotischen Übertragung als Abwehr oder als Ausdruck einer frühen Störung, die sich den Patient*inn*en auch nonverbal mitteilt und die möglicherweise selbst als eine Form der Angstbewältigung für den Therapeuten fungiert. Hingegen fordert Schmithüsen, die Liebesäußerung von Patient*inn*en »angemessen und wahrhaftig« aufzunehmen. Zu entfalten sei die Fähigkeit, »gemeinsam etwas von der Liebe im Raum zu spüren«, und die Anerkennung, dass sich nicht nur der Patient verletzlich macht, wenn es um die Liebe geht, sondern ebenso der Therapeut oder die Therapeutin.

SCHMIDBAUER Das ist ein schöner Gedanke, der es genau trifft. Ich finde ja die Frage unsinnig, ob »Übertragungsliebe« und »Liebe« sich ihrem Wesen nach unterscheiden. Das würde voraussetzen, dass wir genau wissen, was das Wesen der Liebe ist. Und die ist doch das weiteste Feld von allen. Liebe ist Liebe und als solche nicht messbar; die Übertragungsliebe freilich ist ein Mittelding, ein Zwitter zwischen der unerwiderten und der erwiderten Liebe, das macht sie so besonders. Erwiderte Liebe ist einer der produktivsten seelischen Prozesse; unerwidert entgleist, ist sie

Stalking oder Wahn, wenn sie nicht abgetrauert wird. In der Übertragungsliebe sollte jedes dieser Extreme vermieden werden – sie ist produktiv und traurig zugleich, denn das Gegenüber erwidert die Liebe nicht im sexuellen Sinn, aber es interessiert sich für diese Liebe und versucht sie zu verstehen.

Liebe verspricht ja auch den Schutz durch den anderen. Wenn ich geliebt werde, schützt der andere mich und fängt mich in schwierigen Lebenslagen auf. Das Verliebtheitsgefühl vom Therapeuten erwidert zu bekommen wäre eine Vorstellung des maximalen Schutzes. Die Klientin, um wieder bei dieser Geschlechterverteilung zu bleiben, möchte den erhöhten Schutz. Ja?

QUINDEAU Nein, der Schutz gehört für mich *immer* zum Angebot der Analyse dazu, bei jeder Analyse. Das ist die Basis. Da braucht es keine Verliebtheitsgefühle, schon gar keine erwiderten. Das finde ich ganz grundlegend. Ohne den Schutz kann ich keine Analyse anfangen. Als Analysand*in* brauche ich das Gefühl, dass mich jemand mitträgt, wenn ich mich tatsächlich auf den Prozess einlasse und versuche, mich diesen unbewussten Dimensionen zu nähern. Das ist eine basale Voraussetzung.

SCHMIDBAUER Na ja, man muss sich erst mal klar darüber werden, was als Schutz erlebt wird. Was der Analytiker als Schutz anbietet, ist neben dem spürbaren Interesse für das Erleben der Erkrankten Diskretion und dass er nichts von den analytischen Materialien in irgendeiner Form moralisch bewertet und die Wertschätzung der Person an irgendwelche Inhalte knüpft, sondern die Wertschätzung gesichert ist. Der Schutz beinhaltet aber beispielsweise nicht, dass man dem Patienten das Honorar erlässt. Es handelt sich um einen psychologischen Schutz.

QUINDEAU Ist das tatsächlich nur auf diese äußeren Bedingungen bezogen, wie Sie sagen, also auf die Diskretion oder den Verzicht auf Bewertung? Vielleicht ist der Schutz, den wir anbieten, doch basaler; vielleicht so, wie Eltern ihren Kindern Schutz bieten?

Freud nannte die Psychoanalyse ja mal »Heilung durch Liebe«, das klingt mir zwar zu pathetisch, aber es ist doch etwas dran. Mit der Verführung zur Analyse wäre zugleich das Schutzversprechen verbunden.

Aber war die Frage vielleicht eher, ob es nicht Analysand*innen* mit einem erhöhten Schutzbedürfnis gibt und dies dann mit einer Sexualisierung verbinden? Die sich erst sicher fühlen, wenn der Therapeut die Verliebtheitsgefühle erwidert? Die nur zugänglich sind für die berühmte »Suppenlogik mit Knödelargumenten«? Das ist wohl wirklich schwierig für eine Analyse, weil man mit den analytischen Mitteln wenig erreichen kann. Da ist vermutlich ein Settingwechsel sinnvoll. Ich denke zum Beispiel gerade an eine Patientin, die vor einigen Jahren zu mir kam, nachdem sie sich heftig in ihren früheren Therapeuten verliebt und die Therapie abgebrochen hatte, weil dieser ihre Verliebtheit nicht erwiderte. Sie fühlte sich überhaupt nicht mehr verstanden von ihm und war sehr enttäuscht. Im Verlauf der Behandlung hat sie sich dann auch in mich verliebt, was ihr aber nicht zugänglich werden konnte, weil sie darauf bestand, heterosexuell zu sein, und dies könne dann ja nicht sein. Gleichzeitig stürzte sie sich in eine ganze Reihe von kurzfristigen Affären, was ich als Agieren im Sinne eines Acting-out verstanden habe. Doch es gelang mir leider nicht, ihr diesen Zusammenhang wirklich verständlich zu machen. In dieser Zeit hat der Spruch mit der Suppenlogik eine sehr spürbare Bedeutung für mich bekommen und mir schmerzlich die Grenzen der Analyse vor Augen geführt.

Oder dann denke ich auch an massiv traumatisierte Patient*innen* durch sexuellen Missbrauch etwa. Wenn ich das Gefühl habe, dass sich da tatsächlich eine Wiederholung anbahnt und die Patient*innen* sich selbst gefährden, dann würde ich das auch im Sinne eines Wiederholungszwangs verstehen und aktiver eingreifen. Bei missbrauchten Frauen, die wieder solche Beziehungen in ihrem Alltag inszenieren, muss das problematisiert werden. Hier müssen wir die Hilfs-Ich-Funktion anbieten, wie Freud es genannt hat. Dahin würde ich den Schutzbegriff doch ausweiten. Schmidbauer Sie meinen jetzt aber, dass man den Patienten vor sich selbst schützt.

Liebe und Verstehen

»Was könnte ich von meinen Patienten verstehen, wenn ich sie nicht liebte? Die Gegenübertragungsliebe ist meine Fähigkeit, mich in ihre Lage zu versetzen, zu träumen, zu leiden, als wäre ich sie, flüchtige Momente der Identifizierung, provisorische Verschmelzung. Vergesse ich, dass ich von Anbeginn an in die Liebe – und damit in den Hass – verstrickt bin, mache ich zwangsläufig keine Analyse.«
Nach: G. Schlesinger-Kipp, H. Vedder (Hrsg.) (2008). Gefährdete Begegnung. Psychoanalytische Arbeit im Spannungsfeld von Intimität und Abstinenz. Berlin: Geber & Reusch. S. 8.

QUINDEAU Ja, vor sich selbst schützt. Bei traumatisierten Patient*inn*en ist das oft am offensichtlichsten. Da sehe ich auch eine deutliche Veränderung der analytischen Technik im Vergleich zur klassischen Psychoanalyse.

SCHMIDBAUER Wobei Freud – und das wird immer gerne übersehen – gerade auch bei Vermeidungen sehr aktiv vorgegangen ist. Er hat gesagt, dass der Analytiker bei den phobisch vermeidenden Patienten so vorgehen soll. Wenn ich das den Supervisanden mal vorschlage, halten die das schon für Verhaltenstherapie. Das meint der Begriff »aktive Analyse«.

Wenn jemand in der Analyse seine Vermeidungen weiter pflegt, gehört es auch zum Schutz, dies offenzulegen. Der Schutz, den die Analyse bietet, ist ein anderer als jener Schutz, den beispielsweise das Kind bei der Mutter sucht, denn im kindlichen Verhalten findet sich eine Vermeidung von Dingen, die das Kind eigentlich auch selbst schon leisten könnte. Dagegen ist es natürlich schon die Aufgabe des beschützenden Analytikers, die Forderungen, denen der Patient durchaus selbst nachkommen kann, auch wirklich zu stellen, also bei einem Prüfungsneurotiker entschieden zu sagen: »Sie gehen in die Prüfung und lassen sich nicht krankschreiben.« Das, was dann passiert, kann man wieder bearbeiten. Aber erst einmal ist es ein wichtiger Beitrag des Patienten, dass er tätig wird und sich stellt. Der Schutz, den der Analytiker gewährt, geht eher dahin, dass er dem Patienten auch zutraut, dass er das kann. Natürlich aber ist das Grenzgängerei, gerade bei traumatisierten Menschen. Was kann man ihm zumuten und wo kann man auf diesen Schutz und diese Schonung verzichten?

Und wann genau sprechen Sie das an?

QUINDEAU Sobald ich mich innerlich bedrängt fühle und merke, dass ich meine gleichschwebende Aufmerksamkeit nicht mehr aufrechterhalten kann, dann spreche ich das auch an. Natürlich hängt es von den Patient*innen* ab und ihrer Ich-Stärke beziehungsweise ihren Konfliktkonstellationen, wie ich dann

---

Übertragungsliebe

»Die Gewährung des Liebesverlangens der Patientin ist also ebenso verhängnisvoll für die Analyse wie die Unterdrückung desselben. Der Weg des Analytikers ist ein anderer, ein solcher, für den das reale Leben kein Vorbild liefert. Man hütet sich, von der Liebesübertragung abzulenken, sie zu verscheuchen oder der Patientin zu verleiden; man enthält sich ebenso standhaft jeder Erwiderung derselben. Man hält die Liebesübertragung fest, behandelt sie aber als etwas Unreales, als eine Situation, die in der Kur durchgemacht, auf ihre unbewußten Ursprünge zurückgeleitet werden soll und dazu verhelfen muß, das Verborgenste des Liebeslebens der Kranken dem Bewußtsein und damit der Beherrschung zuzuführen. [...]

etwas sage, ob ich sie beispielsweise konfrontiere oder nur sehr vorsichtig etwas andeute und die Abwehr respektiere.

SCHMIDBAUER Oder wenn ich das Gefühl habe, dass die Patientin existenzielle Entscheidungen fällt, die eigentlich irrational sind, die ihr schaden. Auch das ist wieder die Schutzfunktion. Wenn jemand anfängt, seine Ehe zu beenden oder sich mit dem Ehemann zu entzweien, weil er ständig vom Analytiker redet und den idealisiert und jedes Wort von ihm als letzte Weisheit einbringt, wodurch es oft viel Krach gibt in Ehen, dann ist das eine Form von Störung der Behandlung und dann finde ich es schon wichtig, dass man da interveniert.

Freud hat empfohlen, überhaupt keine wichtigen Entscheidungen während der Psychoanalyse zu treffen, sich also nicht scheiden zu lassen, nicht die Wohnung zu kündigen oder seine Arbeitsstelle. Heute wird das nicht mehr so gehandhabt.

QUINDEAU Weil die Analysen auch länger dauern als ein halbes Jahr. Aber ich finde Ihr Beispiel vom eifersüchtigen Ehemann interessant, das ist ja wirklich nicht selten und zeigt, wie die Übertragungsliebe in den Alltag hineinreicht und dort Konflikte verursacht. Ich ziehe mir auch immer wieder den Zorn der

Bei einer Klasse von Frauen wird dieser Versuch, die Liebesübertragung für die analytische Arbeit zu erhalten, ohne sie zu befriedigen, allerdings nicht gelingen. Es sind das Frauen von elementarer Leidenschaftlichkeit, welche keine Surrogate verträgt, Naturkinder, die das Psychische nicht für das Materielle nehmen wollen, die nach des Dichters Worten nur zugänglich sind ›für Suppenlogik mit Knödelargumenten‹. Bei diesen Personen steht man vor der Wahl: entweder Gegenliebe zeigen oder die volle Feindschaft des verschmähten Weibes auf sich laden. In keinem von beiden Fällen kann man die Interessen der Kur wahrnehmen.«

Nach: S. Freud (1915a). Bemerkungen über die Übertragungsliebe. GM X. Frankfurt a. M.: Fischer. S. 314 f.

Partnerinnen meiner Analysanden zu, die die Analyse dann verteufeln und sie schlechtmachen. Ein Analysand wurde sogar mal vor die Wahl gestellt, sich zwischen mir und seiner Freundin zu entscheiden. Hier sehen wir, dass die Übertragungsliebe durchaus »echt« ist, wenn sie so heftige Eifersucht hervorruft. Und dass es für die ausgeschlossene Partnerin nicht wirklich bedeutsam ist, dass das analytische Paar keine körperliche Beziehung miteinander eingeht. Es wirkt auf manche wie eine tatsächliche Untreue ihres Partners, wie eine sexuelle Affäre.

Manchmal ist der Ärger der Ehefrau oder der Freundin ja auch erst der Anlass, über Liebesgefühle in der Analyse zu sprechen. Bei einem Patienten etwa machte seine Frau auf etwas aufmerksam, was er bis dahin erfolgreich abgewehrt hatte und dann auch weiterhin abwehrte, indem er ihre Eifersucht als Unsinn abtat. Das ist dann mitunter gar nicht einfach, wenn zwei Frauen einen Mann von seinen Liebesgefühlen überzeugen wollen, die sich ihnen offenbar mitteilen, ihm selbst aber unzugänglich bleiben.

SCHMIDBAUER Ich achte immer sehr darauf, sozusagen Partner und Familie meiner Analysandinnen mit im Kopf zu haben und aufzupassen, ob die Analyse in der Partnerschaft so inszeniert wird, dass Eifersucht entsteht. Das liegt ja nicht zuletzt an der Art, wie die Patientin oder der Patient von mir erzählen. Ich bemühe mich auch in der Einzeltherapie um etwas wie Allparteilichkeit, das heißt, ich versuche geschilderte Konflikte so zu verstehen und zu bearbeiten, dass die Empathie in nicht anwesende Dritte gestärkt wird und möglichst eine Situation entsteht, in der zum Beispiel in einem vorgebrachten Partnerkonflikt beide Teile eine Win-win-Situation gestalten können. Ich erlebe dann recht oft, dass der abwesende Partner nicht eifersüchtig ist, sondern die Analyse als Unterstützung erlebt. Verglichen mit den Pioniertagen und den damaligen doch sehr langen Analysen finde ich es heute wichtig, die familiäre und berufliche Situation der Patienten genau zu kennen und aufzupassen, dass nichts Übereiltes und Destruktives passiert. Eine Anleitung in dem Sinn, Entscheidungen nur zu treffen, wenn sie vorher in der Analyse besprochen werden, gebe ich aber nicht, weil mir das zu autoritär daherkäme und das nicht zu meinem Verständnis von der Kultur des Prozesses passt.

QUINDEAU Aber besprochen werden sie doch.

SCHMIDBAUER Ja, aber wir weisen selten vorher *ausdrücklich* darauf hin.

QUINDEAU Der Unterschied ist, dass wir heute nicht mehr sagen würden, die Entscheidung darf auch nicht *getroffen* werden.

SCHMIDBAUER Das war eben Freuds Konzept von Abstinenz.

Ich würde gerne über das Thema des »Heimlichen«, des Tabubruchs zwischen dem Therapeuten und der Klientin sprechen. Der Reiz des Tabubruchs, des Geheimnisvollen, spielt das eine Rolle?

SCHMIDBAUER Es mag eine unterirdische Verwandtschaft geben zwischen Tabubruch und Psychoanalyse. Freud hat sich selbst sehr stark als jemand verstanden, der an den Schlaf der Welt gerührt und das Tabu der Verleugnung der Sexualität aufgehoben hat. Gleichzeitig droht da ein absolutes Missverständnis: Freud hat niemals die sexuelle Befreiung im Sinn des ungehemmten Auslebens von Sexualität in irgendeiner Form befürwortet. Das war ja sein Konflikt mit Wilhelm Reich, der vertrat, das Orgastische sei die Erlösung des Menschen. Freud war da sehr viel skeptischer und hat festgehalten, dass das ein Widerspruch ist, der nicht auflösbar sei. Das Unbehagen in der Kultur, das existiert einfach. Wir haben noch keine Lösung in Sicht. Damit hat er, wie ich finde, recht behalten. Die Lösungen, die Reich vorschlug, waren nicht zielführend.

Wenn man die Geschichte des Begriffs vom sexuellen Missbrauch anschaut, wird deutlich, dass sich sehr viel verändert hat und es sich auch um einen Generationenkonflikt handelt. Wir schauen heute auf die 68er-Sexualideologie mit einem ähnlichen Blick, wie ihn seinerzeit die etablierte Psychoanalyse auf Wilhelm Reich und seine »Sexualpolitik« gerichtet hat. Dabei geht der wichtigste Unterschied zwischen den pädophilen Entgleisungen Ende der Sechzigerjahre und den in ihrer Intensität und Verbreitung vergleichbaren pädophilen Verfehlungen in kirchlichen Internaten verloren: Im einen Fall ist Befreiung die Intention und Gewaltfreiheit das Ideal, in dem anderen geht es vielfach um Sadismus und die Verkleidung der Erotik in ein Schuldgefühls- und Zwangssystem. Kein Zweifel, dass beides Kindern schadet, aber es sollte nicht über einen Kamm geschoren werden, was in katholischen Internaten oder beispielsweise in der Odenwaldschule geschehen ist. In den Sechzigerjahren wurde die Psychoanalyse als Ergänzung des Marxismus verstanden und damit auch als eine Befreiungsbewegung. Letztlich blieb das erschreckend konsumorientiert und findet sich heute mehr im Pornografieboom wieder als sich verwirklichende Pseudobefreiung von sexuellen Zwängen. Das hat damals alles noch in einem Topf gebrodelt. Heute differenziert sich das, und diese Debatte über den sexuellen Missbrauch in der Psychotherapie ist ein Teil dieser Differenzierung. Manchmal denke ich, dass in den Debatten über sexuellen Missbrauch in Lehranalysen die historische Auseinandersetzung zwischen Wilhelm Reich und Sigmund Freud, zwischen den inzwischen ins Großvateralter gekommenen Trägern der 68er-Bewegung und einer jüngeren Generation von Analytikern gespiegelt ist.

QUINDEAU Hm, ich weiß nicht, ob das zutrifft. Aber auf jeden Fall ist in den letzten Jahrzehnten etwas umgeschlagen. Die Achtundsechziger haben die Sexualität ja unglaublich überhöht, viele Glücksversprechen damit verbunden, bis hin zur Befreiung der ganzen Welt.

In den Achtzigerjahren ist das ins Gegenteil umgeschlagen, da war das alles schon Gewalt und Missbrauch. Es schlug um von der positiven Mystifizierung in eine sehr negative. Der Missbrauchsdiskurs kommt ja von daher. Die negativen Folgen waren dann die ganzen Verrechtlichungen und Reglementierungen, die positiven betrafen die erhöhte Sensibilisierung, die wir heute gegenüber sexueller Gewalt und sexuellen Grenzverletzungen haben.

Wenn man psychoanalytisch auf die Heimlichkeit und den Tabubruch schaut, kann man sagen, dass das Begehren in jedem Fall ödipal strukturiert ist und dadurch immer eine Überschreitung darstellt. Die Eltern waren die ersten Liebesobjekte des Kindes, das unbewusste Vorbild jeder Liebesbeziehung ist damit die – ebenfalls unbewusst – fantasierte Beziehung zu Vater oder Mutter. Daher ist realer Inzest ja auch psychisch so verheerend, weil damit Fantasie und Realität zusammenfallen. Das heißt, dass jede Liebe und jede sexuelle Erregung überhaupt nicht ohne Überschreitung denkbar ist; es hängt also nicht so sehr an der Frage, ob es äußere Repressionen gibt, die sexuelle Aktivitäten verhindern sollen. Zentral im ödipalen Geschehen sind die Generationengrenzen, die man im Inzesttabu überschreiten müsste. Das einzige Tabu, das sich kulturübergreifend durch alle Epochen und Kulturen gehalten hat, ist neben dem Tötungstabu das Inzesttabu, ganz unabhängig von der Strukturierung der einzelnen Gesellschaften. Von daher glaube ich, dass Liebesbeziehungen immer damit zu tun haben, dass in der psychischen Realität eine Grenze überschritten wird. In der analytischen Beziehung, in der Übertragung, haben wir es auch mit einer ödipal strukturierten Liebesbeziehung zu tun. Auch hier wäre es psychisch verheerend für die Analysand*innen*, wenn die herbeigesehnte Inzestfantasie Realität würde. Vielmehr müssen die Fantasien sorgsam behandelt und bearbeitet werden, nicht überwunden, aber bearbeitet.

SCHMIDBAUER Ich stimme dem zu, und doch ist es mir ein wenig zu plakativ. Etwa das Wort »verheerend«. Das hört sich so an, als wüssten wir genau, welche Folgen Tabubrüche haben. Wenn es wahr ist, dass der Prozess einer Psychoanalyse ergebnisoffen ist und die Beteiligten nicht vorauswissen können, worauf sie sich eingelassen haben und wohin sie das Geschehen führen wird, dann heißt das doch auch, dass wir von außen kein Urteil über diesen Prozess finden werden, das gültiger ist als die von den Beteiligten erarbeitete Sicht. Wir sind uns doch einig darüber, dass eine Deutung nicht dann gültig ist, wenn sie vom Analytiker ausgesprochen wird oder im Lehrbuch steht, sondern nur dann, wenn sich Analysandin und Analytikerin darüber einig sind: so ist es.

Das erschwert nun aber generell auch das Urteil über den Kunstfehler, selbst den Übergriff. Ein intersubjektives Geschehen entzieht sich der Objektivierung, auch jener durch einen Ethikausschuss. Ich glaube nicht, dass ein Gremium sich in seinem Vorgehen über eine gemeinsame Überzeugung von Analytikerin und Analysandin hinwegsetzen sollte. Erst wenn sich Analytiker*in* und Patient*in uneins* sind und eine von beiden Seiten nach einem klärenden Urteil sucht, finde ich eine solches Urteil angebracht.

Eine Überschätzung der psychoanalytischen Jurisdiktion liegt meines Erachtens vor, wenn zum Beispiel Analytiker und Analysand aufgrund einer Denunziation zum Gegenstand einer ethischen Untersuchung werden, obwohl beide eine solche Einmischung nicht wünschen. Natürlich lässt sich auf einer ethischen Ebene einwenden, dass der Analytiker die Abhängigkeit einer Analysandin ausnützen könnte, die nicht gegen ihn sprechen will. Aber wer kann das mit Sicherheit sagen?

QUINDEAU Natürlich wissen wir dies nicht. Aber vielleicht muss man manchmal starke Worte wählen, um das Desinteresse, die öffentliche Gleichgültigkeit gegenüber sexuellem Missbrauch zu durchbrechen, die leider immer noch nicht selten ist.

SCHMIDBAUER Aber im Grunde wissen wir viel zu wenig für Voraussagen. Wir wissen nur genug, um zu warnen. Vieles, was die Pioniergeneration der Analytiker getan hat, vieles, was in den neuen Pionierzeiten nach 1945 geschehen ist, würden wir heute kritisieren. Aber »verheerend« ist ein starker Ausdruck, der unterstellt, dass dort nie mehr etwas gedeiht, wo sozusagen der Missbrauch geschehen ist. Und das scheint mir pseudoobjektiv. Als Freud seine Tochter analysierte, hat er sich das nach unseren Informationen gut überlegt und es dann als das kleinere Übel angesehen – und die Folgen waren doch nicht verheerend, so wenig wie etwa Wilhelms Reichs Beziehung zu seiner Analysandin und späteren Ehefrau Annie Reich.

Wenn wir die Analyse als einen offenen Raum von Verständnis, Lernen und Entwicklung ansehen, können wir diesen Raum möglichst günstig gestalten, aber wir können überhaupt nicht mit Sicherheit sagen, dass es Fehler gibt, welche die Lern- und Entwicklungsprozesse völlig blockieren. Ich sehe ein Problem darin, von der Höhe ethischer Urteile komplexe Prozesse negativ zu vereinfachen, wie das beispielsweise Horst-Eberhard Richter getan hat, als er Freuds Analyse seiner Tochter als Streben nach Machterhalt in der psychoanalytischen Bewegung deutete. Selbstgerechtigkeit hat als Grenzverletzung nur eine bessere Presse als sexueller Missbrauch, aber harmlos ist sie so wenig wie dieser.

Die Psychotherapie ist ein Schutzraum und ein nach außen abgeschlossener Raum, dabei schwingt das Heimliche bereits mit. Abgeschlossenheit nach außen – wohliges Aufgehobensein nach innen: Da liegen doch »Vereinigungswünsche« gar nicht so weit weg, oder?

QUINDEAU Als »erogene Zone« stellt die Analyse einen Intimraum dar, der durch den Rahmen geschützt ist. In der tiefen Regression ist es jedoch für den Analysanden nicht immer einfach, die Intimität in der analytischen Situation von der Intimität in einer Partnerschaft zu unterscheiden. Nach meiner Überzeugung ist dies der zentrale Grund für das Tabu körperlicher Berührung, die über das in unserer Kultur übliche Händeschütteln hinausgeht. Es gibt an diesem Punkt immer wieder Kontroversen im analytischen Diskurs. Insbesondere Tilmann Moser tritt ja vehement dafür ein, die Analyse mit körpertherapeutischen Methoden zu verbinden, und sieht darin ein ganz besonderes Potenzial. Ich kann diese Einschätzung nicht wirklich teilen, sondern denke, dass dadurch der analytische Raum eher gefährdet ist.

SCHMIDBAUER Ich finde auch, dass eine Psychoanalyse unübersichtlich genug ist und daher unbedingt ein hohes Maß an Verlässlichkeit und Kontinuität im Rahmen benötigt. Ich selbst habe anfangs in Gruppen auch mit Psychodrama und Ähnlichem gearbeitet, aber ich bin davon abgekommen, weil ich denke, dass es sehr wichtig ist, auch die Grenzen dessen, was ein Therapeut macht, ganz genau zu halten und so den Rahmen zu festigen. Wünsche nach Berührungen, nach anderen Therapieformen, nach dem Überschreiten dieses Rahmens können nur dann wirklich verstanden werden, wenn der Rahmen erst einmal fest bleibt.

QUINDEAU Im Unterschied zu Moser kann ich auch nicht sehen, dass das klassische Setting von Couch und Sessel körperfeindlich wäre oder körperlichen Empfindungen zu wenig Raum biete. So habe ich beispielsweise in meiner Praxis die Grundregel erweitert und bitte meine Analysand*innen* zu Beginn einer Behandlung, all das in Worte zu fassen, was ihnen durch den Kopf geht und was sie körperlich spüren. Ich bin davon überzeugt, dass sich die Beziehungserfahrungen nicht nur im Bereich des Psychischen niederschlagen, sondern sich auch körperlich eingeschrieben haben. Schließlich ist der Körper des Säuglings der Ort intensivsten Eingreifens der Mutter oder der Bezugsperson. Daher ist der Körper der entscheidende Ort auch in der Analyse, in den Körpererfahrungen inszenieren sich die zentralen Beziehungsmuster.

Vieles davon ist nicht sprachlich repräsentiert. Aber es nutzt, glaube ich, nicht sehr viel, wenn man nun versucht, dies auf der Ebene des Körpers anzugehen und im sprachlosen Raum zu belassen, denn wir verbinden ja auch unsere körperlichen

Empfindungen mit Sinnkonstruktionen – und davon sind nicht alle hilfreich. Daher versuche ich, an den körperbezogenen Bedeutungszuschreibungen anzusetzen und sie in den analytischen Diskurs zu bringen.

Dies scheint mir insbesondere bei der Übertragungsliebe wichtig, denn auch sie teilt sich körperlich mit – nicht nur in sexueller Erregung, sondern auch in anderen Empfindungen. Sie, Herr Britten, haben soeben das »wohlige Aufgehobensein« angesprochen, das wäre beispielsweise so ein Gefühlszustand, der sich im ganzen Körper ausbreitet und eine Art körperlicher Verbundenheit herstellt. Das wären nichtgenitale Vereinigungswünsche, Verschmelzungswünsche, die nach meiner Erfahrung in der analytischen Beziehung auch häufiger vorkommen als der explizite Wunsch nach genitaler Vereinigung, wobei ich nicht sicher bin, ob es angemessen ist, überhaupt von einem »Wunsch« zu sprechen, denn diese Zustände und Körperempfindungen sind ja gerade nicht als Wunsch repräsentiert, sondern stellen sich im Erleben der Analysand*inn*en ein. Vielleicht müsste man das Konzept der Übertragungsliebe erweitern und solche weitgehend unrepräsentierten Gefühlszustände miteinbeziehen, wie sie sich auch in anderen Liebesbeziehungen finden.

Der explizite Wunsch, mit der Analytikerin oder dem Analytiker zu schlafen, taucht zumindest in meiner Erfahrung nicht so häufig auf, wenn wir mal von den schwer traumatisierten Patient*inn*en und denen mit Persönlichkeitsstörungen oder »Perversionen« absehen. Bei den anderen Analysand*inn*en bleibt er unbewusst, er würde vermutlich zu viel Angst machen oder Scham hervorrufen. Aber mehr oder weniger chiffriert lässt er sich beispielsweise in Träumen finden, und es erfordert einiges Fingerspitzengefühl, dies angemessen anzusprechen, ohne gleich die Abwehr zu verstärken. Wobei es oft nicht nur die Abwehr der Patient*inn*en ist, sondern nicht selten versuchen wir auch beide gemeinsam, die erotische Dimension aus der Therapie auszugrenzen. Es stellt sich daher die Frage, wie wir als Analytiker*innen* dem Sexuellen genügend inneren Raum geben können.

Aber lassen Sie mich noch mal zurückkommen auf die Frage nach den körperlichen Berührungen: Um körperlich berührt zu werden, ist es nicht nötig, dass ein tatsächlicher Körperkontakt erfolgt, dass sich die Hautoberfläche des einen auf die Hautoberfläche des anderen legt. Auch Worte berühren körperlich, manche spürt man im Bauch, andere legen sich wie ein Tuch um den ganzen Körper, manche berühren auch sexuell: So meinte etwa ein Patient einmal zu mir: »Wenn Sie so mit mir reden, spüre ich Ihre Stimme an meinem Schwanz. Es ist, als ob Sie mich da zärtlich berühren würden.« Oder eine Analysandin sagte: »Sie sprechen direkt in meine Möse.«

In beiden Fällen ging es in diesen Momenten gar nicht explizit um Sexualität. Vielmehr war die Atmosphäre so dicht und intensiv, dass es sich wie eine intime Berührung anfühlte. Für das Verständnis der Szene waren diese körperlichen Empfindungen von großer Bedeutung. An diesem Punkt kann man gut sehen, wie die analytische Situation als erotisch-sexueller Übergangsraum fungiert. Der »Als-ob«-Charakter ist dabei zentral; es war uns beiden in jedem Moment klar, dass die Berührung in einem virtuellen Raum stattfindet, und dennoch verschaffte sie ein Gefühl von Präsenz und Unmittelbarkeit … Das lässt sich leider nur schwer in Worte fassen.

SCHMIDBAUER Doch, Sie beschreiben das sehr schön und nachvollziehbar; es wird doch auch deutlich, dass viel Geduld, Zuwendung und Vertrauen nötig sind, um in eine solche Atmosphäre zu finden, um darauf zu vertrauen, dass sie sich entwickelt. Ich denke auch, dass jeder Therapeut im Lauf seiner Entwicklung jene Vorgehensweise finden sollte, die zu ihm passt. Ich persönlich liebe die Sprache und den sprachlichen Ausdruck, daher denke ich, dass das verbale Vorgehen mir liegt und ich nach meinen frühen Experimenten mit Gestalttherapie und Psychodrama in Gruppen auch ein überzeugter Analytiker geworden bin. Tilmann Moser ist als strikter Analytiker sozialisiert worden und hat vielleicht die Körpertherapie als Befreiung erlebt. Eine Methode passt nicht für alle Therapeuten und nicht für alle Patienten; am wichtigsten ist doch, dass beide Seiten sich in einem professionellen Rahmen bewegen und sich darin wohl- und kreativ fühlen können.

QUINDEAU Wie die Übertragung, so muss man auch die sexuelle Gegenübertragung in ihrer körperlich-sinnlichen Dimension begreifen. Die unmittelbare sexuelle Erregung ist häufig mit Scham verbunden, und es setzt einiges Vertrauen voraus, das so direkt anzusprechen, wie es den soeben genannten Patient*in*nen gelungen ist. Im Unterschied zu Kolleg*inn*en, die mit »Selfdisclosure-Konzepten« arbeiten, würde ich meine körperlichen Empfindungen in der analytischen Beziehung nicht ansprechen; mir scheint die Asymmetrie konstitutiv für den analytischen Prozess. Doch sie geben mir wichtige Hinweise, um die Szene zu verstehen, die sich gerade einstellt, und um die möglichen unbewussten Bedeutungsgehalte zu entziffern.

SCHMIDBAUER Ich würde auch nicht über meine eigenen Affekte oder körperlichen Empfindungen sprechen, zumindest nicht, solange sie mich nicht überwältigen und ich es nicht zur Klärung der Situation tun muss. Das ist mir persönlich noch nicht passiert, aber ich habe von Kollegen gehört, die in Tränen ausgebrochen sind; dann finde ich es selbstverständlich, dem Analysanden den Kontext zu erklären. Aber ich denke, dass der Analysand überfordert und womöglich von seinem eigenen inneren Prozess abgelenkt wird, wenn sich die Aufmerksamkeit zu sehr auf das Geschehen im Analytiker konzentriert.

QUINDEAU Die körperlich-sinnliche Dimension der sexuellen Gegenübertragung geht auch weit über genitale sexuelle Erregung hinaus. So gibt es einfach lustvolle Momente in einer Analyse, man hat Spaß miteinander, das Sprechen vollzieht sich in einem lustvollen Flow. All dies würde ich auch in dem erweiterten Sinne infantiler Sexualität für Ausdrucksformen der

Übertragungs- und Gegenübertragungsliebe halten. Mir scheint dies zudem eine wichtige Voraussetzung, um all die schmerzlichen Erinnerungen, die Traurigkeit, die Kränkungen, um die es in der Analyse ja oft geht, überhaupt erträglich zu machen. Es ist einfach nicht schön, mit dem eigenen Unbewussten konfrontiert zu werden. Man wehrt sich dagegen, will es nicht wahrhaben. Dieser Widerstand begleitet jede Analyse, auch wenn sie noch so gut läuft. Manchmal denke ich, dass die Deutungen des Unbewussten vielleicht umso wirksamer sind, je lustvoller die Atmosphäre in der analytischen Situation ist. Nicht zuletzt erscheint die erotisch-sexuelle Resonanz der Analytiker*innen* wichtig, damit die Analysand*innen* sich wahrnehmen können und sich nicht zurückgewiesen fühlen.

SCHMIDBAUER Ich finde auch, dass Neugier, Spiel und Lachen einen sehr wichtigen Platz in der Analyse haben, und das sind ja alles Prozesse, die auch ins Körperliche greifen und Teil von Zärtlichkeit, von Erotik sind. Ich bin immer etwas unglücklich, wenn ich von Analysen und Analytikern höre, die als langweilig erlebt werden, und das etwa gar noch als Wesen der regelrechten Analyse dargestellt wird.

QUINDEAU Auch das Geschlecht der Analysand*innen* spielt eine Rolle bei der Übertragungsliebe. Nach Ethel Person dient die erotische Übertragung bei Frauen eher als Widerstand. Bei Männern finde sich häufiger ein Widerstand gegen die Wahrnehmung dieser Übertragung. Das kann ich in meiner Erfahrung nicht bestätigen.

SCHMIDBAUER Ich schon. Ich finde, da ist was dran.

QUINDEAU Bei meinen heterosexuellen Analysandinnen schien mir der Widerstand gegen das Bewusstwerden dieser Übertragungslinie ausgeprägter. Und die Übertragungsliebe fungierte insbesondere bei älteren männlichen Patienten nicht selten als Widerstand gegen das Machtgefälle in der analytischen Beziehung, das nicht dem traditionellen Geschlechterverhältnis im Alltag entspricht. Meine Autorität und Macht als Analytikerin wird dann gleichsam durch die Herabsetzung zur Geliebten gebrochen.

SCHMIDBAUER Nach meinen Beobachtungen in Supervisionen muss der Mann dazu gar nicht älter sein. Seine sexuellen Fantasien sind nicht selten Dominanzgesten, um Ängste abzuwehren. Analysandinnen hingegen versuchen manchmal, dem Analytiker, aber durchaus auch der Analytikerin zu unterstellen, dass diese sich voyeuristisch für ihre erotischen Gedanken interessieren, während solche Inhalte ihnen selbst doch völlig fremd seien. Ich erinnere mich an einen recht verunsicherten Ausbildungskandidaten, zu dem eine Analysandin sagte, als er einen erotischen Inhalt ansprach: »Aha, da sind wir wieder bei Ihrem Hobby!«, als ob Sexualität für sie kein Thema und für den Analytiker ein Steckenpferd wäre. Ich finde, es ist ein ganz wichtiger Beitrag Freuds, dass wir die Sexualität ernst nehmen und die Illusion aufgeben, wir stünden da drüber, sie sei einzig und allein ein Thema für andere.

Sexualität und Liebe

»Der Begriff des Sexuellen umfasst in der Psychoanalyse weit mehr; […] wir rechnen zum ›Sexualleben‹ auch alle Betätigungen zärtlicher Gefühle […]. Wir sprechen darum auch lieber von Psychosexualität, legen so Wert darauf, daß man den seelischen Faktor des Sexuallebens nicht übersehe und nicht unterschätze. Wir gebrauchen das Wort Sexualität in demselben umfassenden Sinne wie die deutsche Sprache das Wort ›lieben‹.«

Nach: S. Freud (1910). Über »wilde« Psychoanalyse. GW VIII. Frankfurt a. M.: Fischer. S. 120.

HERAUSFORDERUNGEN IN DER THERAPIE BEGEGNEN

»Männern fällt es schwer, sich bei seelischen Spannungen Hilfe zu holen und erst einmal eine Hilfebedürftigkeit sich und anderen gegenüber einzugestehen. Frauen tun sich damit leichter.«
Wolfgang Schmidbauer

Kollegiale Unterstützung

Sie haben beide gesagt, auf jeden Fall gehöre die kollegiale Beratung dazu, wenn jemand aus der Idealisierung und Verstrickung mit dem Klienten herausfinden will. Dem steht insbesondere bei Männern, also auch Ihren Kollegen, oft ein eingeschränktes Hilfesuchverhalten entgegen. Kurz gesagt: Eigentlich will ich das gar nicht in einer Intervision oder Supervision offenlegen, viel lieber will ich das Liebesverhältnis zur Klientin verheimlichen, denn ich komme damit selbst schon klar.

QUINDEAU Ich würde bei diesem Thema viel auf die Ausbildung setzen und versuchen, dort die Entwicklung einer Haltung zu unterstützen, die es leichter macht, sich Hilfe in solchen Fragen zu holen. Mir fällt oft in Supervisionen die Haltung auf, man habe als Therapeut etwas falsch gemacht oder »versagt«, wenn man sich in eine Patientin verliebt – ich weiß nicht, ob das etwas Geschlechtsspezifisches ist, das kommt aber bei männlichen wie weiblichen Supervisand*innen* auf. Das muss unbedingt raus aus den Köpfen, denn das scheint mir ein ganz großes Hindernis zu sein, sich Hilfe zu suchen. Man hat gerade am Anfang der Berufstätigkeit schnell das Gefühl, da passiert etwas Schlimmes, da entgleitet mir die Situation oder was auch immer. Deshalb ginge es mir in der Ausbildung darum, die Kandidat*innen* darin zu unterstützen, für solche Situationen mehr Gelassenheit zu entwickeln, sich selbst also sagen zu können: »Okay, das kommt immer wieder vor, das ist nichts Schlimmes, schlimm ist nur, sich keine Unterstützung zu holen.« Ich würde aber nicht unbedingt sagen, dass männliche Kollegen größere Schwierigkeiten damit haben. Das müssen alle lernen.

Es gibt einen großen Anteil an Mitarbeitern ausgerechnet in helfenden Berufen, denen wird ein schlechtes Hilfesuchverhalten attestiert, wenn sie selbst psychische Probleme haben. Hilfebedürftig oder krank, das sind immer die anderen.

SCHMIDBAUER Tja, vielleicht löst sich das Problem ja ganz anders: In den psychoanalytischen Ausbildungsinstituten gibt es inzwischen einen großen Frauenüberschuss. Ich denke, die Psychotherapie ist auf dem Wege, ein Frauenberuf zu werden. Männern fällt es schwer, sich bei seelischen Spannungen Hilfe zu holen und erst einmal eine Hilfebedürftigkeit sich und anderen gegenüber einzugestehen. Frauen tun sich damit leichter.

Die Psychotherapie ist ein Frauenberuf geworden, die Psychologie insgesamt. Psychologen gehen eher in die Forschung oder in die Industrie, Psychologinnen orientieren sich hin zur Psychotherapie. Das hat sich sehr verändert. Aber das wäre ja nur eine statistische Lösung des Problems.

Eine Szene zu sexualisieren ist eine elementare Form von Dominanzverhalten von Männern. Sie sind in ihrem Selbstwertgefühl gekränkt, in ihrer Dominanz, ihrer Würde. Sexueller Missbrauch von Abhängigen hat viel mit dem Versuch zu tun, sich eine Aufwertung zu verschaffen. Wenn man etwas dagegen unternehmen möchte, müsste man das Mittel finden, dieses Selbstgefühldefizit der Männer zu beheben, sie sicherer zu machen.

QUINDEAU Ich glaube auch, dass ganz viel an der Geschlechterhierarchie liegt, was die sexuellen Übergriffe betrifft. Sobald Männer nicht mehr privilegiert sein müssten, würde sich schon etwas verändern. Aber das geht weit über unser Thema hier hinaus.

SCHMIDBAUER Für die Psychoanalyse ist das eigentlich zutiefst destruktiv. Wenn jemand denkt, er hat Kraft seiner Rolle als Analytiker schon ein Privileg, dann findet er keine wirkliche Freude an der Szene, an der Arbeit.

QUINDEAU Ich glaube, es ist viel dran an der These einer narzisstischen Bedrohung. Das Ende des Zeitalters des weißen Mannes ist ja längst ein Faktum. Die Herrschaftsverhältnisse werden sich verschieben, auf lange Sicht zumindest. Ob sich das nun auch in der Psychotherapie zeigt, das glaube ich im Moment noch eher nicht, aber dass Abhängigkeitsverhältnisse ausgenutzt werden und Übergriffe stattfinden auch in vielen sozialen Berufen wie Pflege und Sozialarbeit, das ist ja bekannt.

Aber noch mal: Das Prinzip »Normalisierung« kommt für mich vor Supervision oder Intervision. Dass das Begehren mitläuft in einer Beziehung, das ist völlig normal und nicht etwa »falsch«.

SCHMIDBAUER Normalisierung auch in dem Sinn, dass man seine »Behinderungen« anzunehmen lernt und die Brüche im Bild der Männlichkeit nicht leugnet, sondern zulässt. Blinde Angst vor dem Verlust des Prestiges, des Ansehens, führt Männer dazu, sich an ihre Dominanz zu klammern, auch wenn sie sich damit lächerlich machen. Das ist eine Aufgabe für die gesamten pädagogischen Szenarien von der Grundschule bis zur Universität. Viele Fähigkeiten, die einst in der weiblichen Tradition lagen, sind in der modernen Arbeitswelt unentbehrlich: emotionale Intelligenz, Ruhe bewahren, Kooperation zeigen.

Das sind große Aufgaben auch für Sie in der Ausbildung.

QUINDEAU Na ja, wir haben es aber vielleicht gerade in diesem Punkt auch nicht wirklich schwer, denn Männer, die sich für die Psychotherapie als Beruf interessieren, verfügen über eine gewisse emotionale Intelligenz und Kooperationsfähigkeit. Deren Bedürfnisse gehen ja schon in diese Richtung, das lässt sich auch gut ausbauen in der Ausbildung.

SCHMIDBAUER Ja, ich halte es in der Ausbildung schon für wichtig, zu vermitteln, dass es ein nicht endender Auseinandersetzungsprozess ist, der nicht irgendwann mal dadurch abgeschlossen ist, dass man die Ausbildung abgeschlossen hat oder Lehranalytiker wird und seine eigene Praxis hat, sein eigener »Herr«

ist. Dazu gehört auch die Auseinandersetzung mit der eigenen Geschlechtsrolle.

QUINDEAU Unbedingt, und da gibt es leider einigen Nachholbedarf, weil das eigene Geschlecht doch weitgehend immer noch als selbstverständlich betrachtet wird und keiner Reflexion bedürftig erscheint. Dabei macht es einen großen Unterschied, ob wir als Männer oder als Frauen hinter der Couch sitzen, wobei das in der Fantasie der Analysand*innen* und im Verlauf von Übertragung und Gegenübertragung auch wechseln kann. Es ist also wichtig, dies in die Reflexion der Szene mit aufzunehmen und nicht einfach vorauszusetzen.

Schön wäre es meiner Ansicht nach auch, wenn die Psychotherapie eben nicht als ein Frauenberuf verstanden würde, sondern dass sich eine Erweiterung des Männlichkeitskonzeptes damit verbindet. Fähigkeiten wie emotionale Intelligenz und Kooperationsfähigkeit können genauso »männlich« sein. Sonst wirkt es in der Umkehrung wieder so, als seien Psychotherapeuten andere Männer, besonders »weiblich«, weil sie sich für diesen Beruf interessieren. Das ist ja falsch. Da wäre es nötig, das Männlichkeitskonzept zu erweitern.

SCHMIDBAUER Ja, und dass wir das Konzept der Heterosexualität revidieren und mehr sexuelle Unsicherheit zulassen, dass wir die angeborene Bisexualität mehr berücksichtigen.

QUINDEAU Genau. Auch dieses Terrain, auf dem man das ansiedeln kann, hat Freud schon bestellt, sodass man überhaupt nicht diese dichotomen Abgrenzungen wie zwischen »Männlichkeit« und »Weiblichkeit« braucht. Frauen haben es in den letzten vierzig Jahren besser verstanden, sich das, was als eher männlich galt, anzueignen. Für Männer steht die Aneignung des vermeintlich Weiblichen noch an.

Wie kommt es von der ursprünglichen Konzeption, in der sich männliche Therapeuten um Klientinnen kümmerten, zur heutigen Umkehrung. Wie ist das geschichtlich begründbar?

Quindeau Na ja, es ist halt ein schlechter bezahlter Beruf …

Och, Mitleid befällt mich nun aber nicht gerade, ehrlich gesagt. Mir scheint das eher »Jammern auf hohem Niveau«.

Quindeau Na ja, man muss zunächst mal sehen, dass das Fach Psychologie einen sehr hohen Numerus clausus hat. Der liegt seit vielen Jahren immer um 1,2 – das ist erstaunlich. Medizin hat lediglich 1,5 oder 1,6. Dass 90 Prozent Frauen das Fach studieren, hängt vermutlich mit deren deutlich besseren Abiturnoten zusammen. Diese Frauen studieren eben nicht Astrophysik, wie das die Männer mit hervorragenden Abiturnoten tun.

Auch im Vergleich mit den Fachärzten sind die Psychotherapeut*innen* die Gruppe mit den geringsten Honoraren, und zwar mit einigem Abstand. In den bestbezahlten Feldern der Medizin tummeln sich mindestens 80 Prozent Männer. Das passt besser ins Männlichkeitskonzept. Es hängt schon vieles an solchen Dingen. Es geht nicht ums Jammern, aber man muss schon sehen, was in den Fächern wie Kardiologie und Urologie verdient wird. Da zeigt sich immer noch die Geschlechterhierarchie.

Schmidbauer Das war geschichtlich schon fast absehbar. Schon Freud hatte zugestanden, dass er das meiste von seinen Patientinnen gelernt hat, was die Methode betrifft. Und für mich waren die Frauen auch die produktivsten Nachfolgerinnen. Melanie Klein war eigentlich die wichtigste von den Schülerinnen und Schülern. Wichtiger als Anna Freud. Anna Freud war auch sehr kreativ, aber Melanie Klein hat geniale Ideen gehabt, die unser Verständnis für Spaltungsprozesse und die narzisstischen Dynamiken vorangebracht haben. Dass Frauen einen guten Zugang zur Psychoanalyse haben, hat sich da angekündigt. Damit verbindet sich aber manchmal auch eine sozioökonomische Dynamik, denn die Person, die sich heute eine analytische Ausbildung leisten kann, ist meist eine Frau mit einem wirtschaftlich gut situierten Ehemann oder einem ordentlichen Erbe. Wer schnell viel Geld verdienen will oder muss, geht in eine andere Richtung; wenn er therapeutisch arbeiten will, wendet er sich der Verhaltenstherapie zu, da sind die Ausbildungen deutlich kostengünstiger.

Sie würden also sagen, dass es Männer mit bestimmten Eigenschaften waren, die die Psychoanalyse entwickelten, dass aber von der Sozialisation her eher Frauen die entsprechenden Eigenschaften mitbringen?

QUINDEAU Herr Schmidbauer hat gerade etwas anderes gesagt, nämlich dass Frauen die wesentlichen Weiterentwicklungen der Psychoanalyse zuzuschreiben sind. Aber die sozioökonomische Dynamik stimmt einen schon traurig, dass man einen gut situierten Ehemann braucht, um sich die Ausbildung leisten zu können. Da müssen wir noch einiges an Unterstützungssystemen wie Stipendien und Ausbildungskredite entwickeln.

SCHMIDBAUER Wenn uns die Psychoanalyse eines lehrt, dann ist das die seelische Bisexualität. Die allgemeinen, sozial und biologisch begründbaren Unterschiede zwischen Männern und Frauen werden durch die persönliche Vielfalt nicht nur neutralisiert, sondern übertrumpft. Es gibt nach meinen Erfahrungen in Diskussionen von aus Frauen *und* Männern zusammengesetzten Gruppen von Psychoanalytikern keine identifizierbaren »männlichen« oder »weiblichen« Positionen.

Ansprechen oder nicht?

Können Sie beschreiben, was die Nachteile des Nichtbenennens der Liebesgefühle für den Therapieprozess genau wären?

SCHMIDBAUER   Ich denke, das entwickelt sich nicht regelhaft, sondern sehr situativ. Man spricht das an, wovon man überzeugt ist, dass es in der Situation den therapeutischen, analytischen Prozess fördert. Das hat etwas Intuitives.

Und wenn das jemand nicht tun würde?

SCHMIDBAUER   Ja, ich spreche vieles nicht an, was ich ansprechen könnte, und warte noch auf eine bessere Gelegenheit, um das überzeugender vorbringen zu können. Es kann sein, dass diese Gelegenheit kommt, es kann natürlich auch sein, dass sie nicht kommt und das Thema nie angesprochen wird. Die Idee, ich müsste einen Vorsatz fassen oder eine Empfehlung geben wie »Sprechen Sie das in dem und dem Fall unbedingt an«, widerspräche meinem Verständnis vom analytischen Prozess. Man muss alles ansprechen *können,* nichts ansprechen *müssen.*

QUINDEAU   Das denke ich auch. Tendenziell gilt: Eher Vorsicht und Zurückhaltung mit dem Ansprechen, denn die Patient*innen* sind in ihrer Situation, die ja eine krisenhafte ist, sehr kränkbar. Man sollte vieles eher laufen lassen und höchstens dann aufgreifen, wenn sich etwas massiv ausdrückt oder eben wenn jemand es selbst formuliert. Dann muss man natürlich darauf eingehen. Da kann uns das Konzept der Resonanz leiten. Resonanz bedeutet nicht unbedingt, dass man konkret darüber *sprechen* muss, sondern Resonanz lässt sich auch atmosphärisch geben.

Können Sie das konkretisieren?

QUINDEAU Wir können resonant sein beispielsweise in Bezug auf Liebesgefühle eines Analysanden, ohne dass ich das explizit und verbal anspreche. Wir sagen ja nicht: »Ich habe das Gefühl, dass Sie in mich verliebt sind.« Es gibt andere Formen, das jemandem zu verstehen zu geben.

SCHMIDBAUER Ich würde sagen, Resonanz gibt man – wie das schon die Metapher mit dem Geigenboden enthält –, wenn man mitschwingt, dass man das, was den Patienten bewegt, aufnimmt und er das auch spürt. Die verbale Intervention, also das Benennen, ist oft ein relativ grobes Instrument und auch *zu* grob und schubst den ganzen Prozess in eine bestimmte Richtung. Das muss nicht sein. Ich hatte vorhin diese Metapher mit dem Kunstwerk verwendet, dass das, was auftaucht, auch erst mal einfach *da* ist und sein darf und auch gesehen wird und gut gefunden wird. Es enthält eine Qualität, die man »vermehrt« und verstärkt, indem man es aufnimmt und sein lässt, so wie wir Kunstwerke erst einmal einfach auffassen, ohne sie zu »bewerten«. Wir müssen das Material nicht sofort schon als Gips oder Holz benennen.

QUINDEAU Das finde ich ein sehr schönes Beispiel mit der ästhetischen Erfahrung, weil wir das alle kennen. Ganz ähnlich ist es im analytischen Prozess auch, dass man etwas teilt und weiß, dass der Analysand es spürt: Ich spüre etwas und er spürt etwas, aber das muss nicht notwendig verbalisiert werden, im Gegenteil, das könnte tatsächlich sogar den Resonanzraum zerstören, wenn ich das in »dürre Worte« zu kleiden versuche, dazu ist die Sprache dann doch zu begrenzt. Das Schweigenkönnen ist ganz wichtig. Im Unterschied zum Alltagsgespräch entscheide ja ich als Analytikerin, ob und wann ich etwas sage. Das ist vielleicht für die Analyse das Schwierigste: zu lernen, *nicht* sofort immer zu reagieren, wenn einem etwas einfällt, sondern erst einmal darüber nachzudenken, was jemand gesagt hat – natürlich ohne beim Patienten den Eindruck zu erwecken, er würde hängen gelassen. Es geht nicht darum, jemanden zu brüskieren.

Aber wie lässt sich eine entsprechende Atmosphäre denn erspüren, immerhin kommt ein Körperkontakt mittels Handhalten nicht infrage, und als Analytiker sitzen Sie zudem hinter dem liegenden Patienten, das heißt, es gibt nicht mal Blickkontakt.

QUINDEAU Ja, obwohl jemand auf der Couch liegt und ich dahinter sitze und obwohl es keine Berührung gibt, kann die Atmosphäre unglaublich dicht sein. Ich habe im letzten Jahr ein paar Wochen in den USA verbracht und mit einigen Patienten geskypt, um die Therapie nicht vollständig zu unterbrechen. Dabei ist mir noch mal deutlich geworden, wie wichtig die unmittelbare körperliche Präsenz ist für diesen Resonanzraum. Auch das kennen wir doch aus Liebesbeziehungen: Da ist es auch oft so, dass man mit dem Geliebten einfach zusammensitzen kann, ohne viel zu sprechen. Solche Momente sind sehr wichtig. Auch in der Therapie gibt es so ein gemeinsames Schweigen – über das wir irgendwann wieder ins Gespräch finden. Atmosphärisch ist das sehr dicht. Aber das geht nicht immer.

SCHMIDBAUER Das mit dem Skypen geht als Überbrückung, wie das ja auch bei den Wochenendbeziehungen klappt. Aber man könnte nicht die ganze Zeit vom Skypen leben und eine Beziehung anfangen, würde ich sagen. Die Psychotherapie lebt schon von der körperlichen Präsenz.

Ich habe manchmal Kontakt mit Personen, die mir per Internet ihre Lage schildern und von mir beraten werden wollen. Ich habe das dann gemacht und positive Rückmeldungen bekommen. Aber das ist natürlich etwas völlig anderes als das analytische Unternehmen. Die Analyse ist eine sehr nahe und gemeinsame Erfahrung: einem anderen einen inneren Konflikt oder eine bewegende Situation zu erzählen, der die dann aufnimmt und eine besondere Qualität seiner Person beisteuert.

Diese Qualität ist keine zweckrationale Qualität im Sinn von: »Damit müssen wir jetzt aber schnell etwas machen, das müssen wir in Ordnung bringen«, sondern eigentlich eher eine ästhetische wie bei der »negative capability«, ein Geschehenlassen. Etwa: »Aha, also so ist das, und so, ich verstehe, und so war das, und dazu fällt mir ein, dass das ja so ähnlich ist wie King Lear mit den drei Töchtern, von denen die stumme die einzige ist, die den Vater wirklich liebt.« So etwas mache ich gerne, weil das auch Räume öffnet. Es zeigt schon, dass bei persönlichen, vermeintlich ganz individuellen Problemen dem anderen auch etwas dazu einfällt. Das kann dann vertieft und erweitert werden und ist natürlich auch nicht reglementiert.

Mit Metaphern lässt sich immer einiges erschließen.

QUINDEAU Das ist oft genial, ja. Insgesamt bietet die Kunst jede Menge Möglichkeiten im Sinne von Gleichnissen. Darüber kann man viele Erfahrungen deutlicher machen.

Hilfebedürfnisse ausdrücken

Supervision und Intervision als Lösungswege ja, aber in ländlichen Regionen ist das nicht immer ganz einfach, den geeigneten Kollegen zu finden. Vielleicht gibt es sogar nur einen einzigen.

SCHMIDBAUER Mit dem muss man sich dann zusammentun.

Und beide sind gleichzeitig im Elternbeirat der Kita ...

SCHMIDBAUER Das muss natürlich alles vertraulich besprochen werden. Es ist auch klar, dass man in der Intervisionsgruppe nicht Namen nennt und auch nichts weitersagt von dem, was man hört.

QUINDEAU Strukturell ist das sicher schwieriger als in der Stadt. Natürlich ist es ganz schön, wenn man mit einem unbekannteren Kollegen darüber sprechen kann, der nicht automatisch zum eigenen persönlichen Umfeld gehört. Auch bei Lehranalysen ist das eine Schwierigkeit. Da skype ich selbst zum Beispiel gerne mit Kolleg*innen* aus den USA und suche ihren Rat. Da habe ich dann einfach jemanden, der den potenziellen Kollegen aus der Lehranalyse gar nicht kennt. Oder es gibt auch überregional zusammengesetzte Intervisionsgruppen, die sich bei den Jahrestagungen der Fachgesellschaften oder Dachverbände persönlich treffen und dazwischen Intervisionen über Telefonkonferenzen machen. Denn bestimmte Gespräche im üblichen Intervisionszusammenhang zu führen ist nicht immer leicht. Also, ich glaube, auch dafür gibt es genügend Möglichkeiten.

Wir kommen wieder zu einem Stichwort, das Sie, Herr Dr. Schmidbauer, eingebracht haben: Ich muss mir eventuell das Scheitern ein-

gestehen – und das auch noch vor den Kollegen. Das ist nicht einfach. Vielleicht stoße ich auf tief greifende eigene Defizite?

SCHMIDBAUER Das ist nicht meine Erfahrung aus inzwischen fast vierzig Jahren Intervision. Ich denke, langfristige Beziehungsarbeit mit Kolleginnen und Kollegen, die sich in dem gemeinsamen Feld auskennen und gegenseitig unterstützen, ist unmöglich, wenn jemand bei Schwächen oder auch Fehlern in der Behandlung der Kollegen nicht einfühlend und unterstützend vorgeht. Wer seine Rivalität nicht zügeln kann und andere entwertet, hält sich nicht in einer Gruppe, die an einer professionellen Kultur interessiert ist. Unzugängliche Mitglieder gewinnen nichts aus der Gruppe und verlieren schnell das Interesse. Sie ziehen sich zurück. In einer der Intervisionsgruppen, an denen ich teilnahm, war einmal ein Psychiater, der später als spektakulärer Fall von sexuellem Missbrauch unrühmlich bekannt wurde. Er ist nach zwei Terminen wieder ausgeschieden.

QUINDEAU Das ist leider genau das Problem. Man kann niemanden zur Intervision oder Supervision zwingen, und die es am meisten bräuchten, gehen vermutlich nicht hin. Da würden aber auch Zwangsregelungen nichts nutzen, sondern nur Ethikkommissionen und vor allem erhöhte Aufmerksamkeit im Kolleg*innen*kreis. Dringend geändert werden müssten auch die Sanktionen nach sexuellen Grenzverletzungen, auch wenn ich den grassierenden Bestrafungshype in diesem Bereich oft nicht unproblematisch finde. Aber da die meisten Übergriffe in der Therapie durch Wiederholungstäter verübt werden, ist es notwendig, Maßnahmen zu etablieren, die das verhindern. Zwar droht – zu Recht – der Ausschluss aus der jeweiligen Fachgesellschaft, aber wenn jemand gar nicht erst Mitglied ist, nutzt das wenig. Der Entzug der Approbation, der bisher sehr selten vorkommt, wäre ein weit probateres Mittel, um künftige Übergriffe zu verhindern. Allerdings muss die Beweislage dazu natürlich hieb- und stichfest sein. Falschanschuldigungen hätten sonst fatale Folgen.

SCHMIDBAUER Darin liegt ein großes Problem. Es ist viel aufwendiger, jemandem die Approbation wieder wegzunehmen, als von Anfang an zu verhindern, dass ungeeignete Personen die Approbation erhalten. Die gründliche Lehranalyse löst das Problem jedenfalls nicht allein. Eine tragende professionelle Entwicklung hängt von der Teamfähigkeit ab – wer mit anderen zusammenarbeiten und offen über seine Stärken und Schwächen kommunizieren kann, passt viel besser in den Beruf als jemand, der sprunghaft und manipulativ ist, Gruppen spaltet, aber durch sein Machtbewusstsein auch seine Position in einer Hierarchie festigen kann.

Der Therapeut, der alles im Griff hat, auch seine tiefsten Gefühle – finden Sie nicht, dass da der Helfer gehörig idealisiert wird? Was soll der denn noch alles können?

QUINDEAU Ja, die Vorstellung, man habe »alles im Griff«, ist allerdings problematisch und scheint eher unbearbeiteten Größenfantasien zu entspringen. Stattdessen würde ich es eher mit dem Freud'schen Diktum halten, dass am Ende einer Analyse – und gerade einer Lehranalyse – die Gewissheit von der Existenz des Unbewussten stehen sollte. Das mag vielleicht selbstverständlich klingen, gerade weil Kandidat*innen* ja mit der festen Überzeugung, dass es ein Unbewusstes gibt, die Ausbildung überhaupt erst aufnehmen. Dass aber zwischen dieser rationalen Einsicht und dem Gefühl für das Unbewusste, das sich erst – und nur – in der Analyse einstellt, Welten liegen, muss man erst schmerzlich im Verlauf der Analyse zur Kenntnis nehmen. Und auch dann ist es leider kein »Wissen«, das man getrost nach Hause tragen könnte, sondern das man sich immer wieder erarbeiten und erhalten muss. Auch nach zwanzig Jahren in diesem Beruf ist es immer wieder eine Kränkung der tiefen

Überzeugung unserer Autonomie und Selbstbestimmung, also der zentralen Werte der Moderne und der Aufklärung, an der wir alle partizipieren, auch wenn wir sie kritisieren.

Glauben Sie, dass die Schamgefühle bei Therapeutinnen größer sind, bevor sie sich auf ein Verhältnis mit einem Patienten einlassen?

SCHMIDBAUER Vielleicht ist es bei Frauen stärker mit Scham besetzt, sexuelle Eroberungen sozusagen zum Selbstzweck zu erheben. Die Entwicklungsanreize, das phallische Stadium zu überwinden, in dem der Penis als Wundermittel erlebt wird, sind bei ihnen stärker; die kulturelle Tradition einer sexuellen Beziehung ohne Bindung und Verpflichtung ist weniger ausgeprägt.

QUINDEAU In diese Richtung weisen ja auch die empirischen Studien, dass Therapeutinnen eher eine längerfristige Beziehung mit einem Patienten eingehen als eine sexuelle Affäre. Vermutlich mildert die Überzeugung, dass es wohl Liebe ist und nicht nur ein kurzfristiges Abenteuer, auch die Scham- und Schuldgefühle.

LIEBESVERHÄLTNISSE BEENDEN

»*Die analytische Beziehung stellt die ödipale Beziehung ja erst her und etabliert das Inzesttabu in dieser Beziehung. Meine Überzeugung ist, dass das eben irreversibel ist.*«
Ilka Quindeau

Möglichkeiten und Unmöglichkeiten

Lassen Sie uns zu dem Fall kommen: Es steht dieses Liebesverhältnis im Raum mit einer sexuellen Absicht, mit einer Partnerschaftsabsicht. Lassen Sie uns darüber reden, wie man die Therapie beendet. Wie macht man das zu einem guten Prozess?

SCHMIDBAUER Wenn es wirklich zu einem Liebesverhältnis kommt und die Behandlung vorher beendet wurde, wird das nicht strafrechtlich verfolgt.

In den Psychotherapeutenkammern wird empfohlen, dass beide Seiten ein Jahr nach dem Therapieabschluss abwarten, ehe sie sich privat treffen.

Wenn Menschen aus solchen Paarkonstellationen selbst Hilfe suchen, ist das ja eigentlich erfreulich – man sollte im Leben und auch in der Therapie ja immer das kleinere Übel suchen, wenn sich das große Gute nicht hat finden lassen. Eine Frau hatte sich in ihren Therapeuten verliebt. Beiden hatten ein Verhältnis begonnen. Sie wollte bei mir in einer analytischen Gruppe weiterarbeiten, sie hatte ja ihren Therapeuten verloren. Ich habe mich gefragt, ob ich dieses Thema in die Gruppe bringen will. Dann dachte ich, dass dafür eine Gruppe auch ganz gut sein könnte, weil sie gesellschaftliche Normierungen spiegelt und die Auseinandersetzung mit ihnen erleichtert. Die Gruppe reagierte zuerst mit Unverständnis und teilweise auch aggressiv. Über den Therapeuten wurde geschimpft und der Frau empfohlen, sie solle ihn anzeigen. Aber sie hat gesagt, nein, sie möge ihn, sie wolle mit ihm zusammenbleiben, obwohl er kein einfacher Mensch sei.

Die Frau hat sich der Gruppe ausgesetzt und auch ihre Idealisierung des früheren Therapeuten bearbeitet. Zwei Jahre lang war sie dabei. Dann ging es ihr gut und sie beendete die Therapie bei mir. Ich habe sie dann zehn Jahre später zufällig getroffen. Es ging ihr gut, aus der Liaison war eine stabile Beziehung geworden.

Aber Sie würden tendenziell sagen, einmal Therapeut, immer Therapeut – einmal Klientin, immer Klientin?

SCHMIDBAUER Nein, würde ich nicht sagen. Ich würde sagen, man weiß es nicht. Aber man muss die Gefahr sehen. Zum analytischen Prozess gehört, dass man keine Sicherheit herstellen kann. Das theoretische Modell besagt, dass die Identifizierung mit dem idealisierten Teil des Therapeuten auch eine Struktur in der Patientin verändert und dass beim Eintreten einer späteren leidenschaftlichen, sexuellen Beziehung, auch wenn es fünf Jahre später ist, diese verinnerlichte idealisierte Struktur zusammenbrechen könnte. Das wiederum kann die Patientin verunsichern und deprimieren. Hier kann etwas mit ihr passieren, was nicht geschehen wäre, wenn der einstige Therapeut konsequent die sexuelle Nähe vermieden hätte.

QUINDEAU Das ist die eine Variante. Die andere wäre, dass man das als Bruch des Inzesttabus auffasst, dass sich also eine ödipale Beziehung herstellt in der Analyse und dass die nicht überwunden werden kann. Die Generationsdifferenz wird überschritten. Das wäre für mich der Hauptgrund, weshalb ich einer Beziehung zwischen Therapeut und Klientin – oder auch andersherum – grundsätzlich skeptisch gegenüberstehe. Bei dem Argument mit dem idealisierten Objekt denke ich: Na ja, wenn es gut läuft, kann die Idealisierung bearbeitet werden, aber diese ödipale Differenz nicht, die bleibt bestehen.

SCHMIDBAUER Muss denn dieses abgeleitete, etwas abgemilderte Inzesttabu, das ja nur in der Fantasie existiert, muss das denn schädlich sein, wenn man das überschreitet?

QUINDEAU Das ist wieder die Frage nach dem Unbewussten und der Wirksamkeit unserer unbewussten Fantasien. Das Unbewusste zielt eben immer wieder darauf ab …

SCHMIDBAUER ... das Inzesttabu zu überschreiten?

QUINDEAU Ja, und dass es dann problematisch werden kann, wenn der in der Fantasie gewünschte Tabubruch Wirklichkeit wird.

SCHMIDBAUER Das Problematische wäre dann die trügerische Startfantasie mit der Idealisierung oder dass irgendwelche archaischen Bedürfnisse geweckt werden.

QUINDEAU Aber auch Ängste, die mit der Überschreitung des Inzesttabus einhergehen können.

SCHMIDBAUER Wobei es doch auch so ist, dass das Inzesttabu oft verletzt wird, zum Beispiel bei Geschwistern, ohne dass daraus irgendwie dramatische Folgen entstehen.

QUINDEAU Ja, aber der Inzest zwischen Geschwistern ist psychologisch doch eine ganz andere Sache. Das ist weit weniger schlimm, da liegt ja keine Generationsdifferenz zugrunde.

SCHMIDBAUER Nicht so schlimm?

QUINDEAU Das ist nun wirklich etwas, was meist total überschätzt wird, das hat ja schon Thomas Mann in der Erzählung »Wälsungenblut« beschrieben. Ich weiß nicht, wie Ihre Erfahrungen sind, aber ich hatte schon eine ganze Reihe von Patienten und Patientinnen, die eine sexuelle Beziehung zu einem Geschwister hatten. Das finde ich erst einmal nicht überraschend, schließlich sind die Geschwister neben den Eltern die ersten Liebesobjekte, und die ersten sexuellen Erfahrungen macht ein Kind ja meist mit den Geschwistern oder anderen Gleichaltrigen. Die »Doktorspiele« sind doch ein wichtiger Erfahrungsraum. Und da ist es nur ein kleiner Schritt, dass dies auf die Adoleszenz ausgedehnt wird.

SCHMIDBAUER Ja, da ist es nicht so folgenschwer. Ich finde es auch absurd, dass das immer noch gerichtlich verfolgt wird.

QUINDEAU So ist es.

SCHMIDBAUER Die Verfolgung ist in diesen Fällen schädlicher als das Delikt.

QUINDEAU Ja, was ist denn daran so schlimm? Das frage ich mich oft, wenn ich die Skandalisierung solcher Geschichten in den

Zeitungen lese. Manchmal heiraten in solchen Fällen ja auch Geschwister, die noch nicht mal zusammengelebt haben – diese Verfolgung leuchtet mir psychologisch überhaupt nicht ein. Dass die Gesellschaft ein Interesse daran hat, dass die Menschen aus ihren Herkunftsbeziehungen rausgehen und sich anders verheiraten, ja, das kann ich soziologisch nachvollziehen, dafür gibt es gute Gründe. Aber psychologisch?

Eltern-Kind-Verhältnisse sind etwas völlig anderes; da ist der Inzest verheerend und strukturell ist das in der Psychoanalyse ähnlich wie dort. Auch wenn ich ein Verhältnis mit einem älteren Analysanden hätte, phantasmatisch ist die ödipale Struktur so, dass er auf der Seite des Kindes wäre. Dass dies hoch problematisch wäre, daran würde ich festhalten wollen.

Aber Sie haben bei den missbrauchten Frauen ja einen sehr großen Anteil, der von älteren Brüdern missbraucht worden ist, und diese Frauen beschreiben das auch als Missbrauch und nicht als »Wir haben mal gekuschelt«.

QUINDEAU Das sind aber grundsätzlich andere Fälle, wenn es um Gewalt und Missbrauch geht. Was daran wirklich schädlich ist, und zwar massiv schädlich, sind der Zwang – auch wenn er nicht unbedingt körperlich ausgeübt wird, sondern »nur« psychologisch – und die Altersdifferenz. Da findet sich dann vermutlich das Gleiche, wie wenn es die Eltern wären. Und vor allem spielt der Zwang zur Geheimhaltung unter Gewaltandrohung mit und diese ganzen Dinge, also die Scham. All das spielt eine große Rolle.

Und überhaupt ist es ja auch bedeutsam, was genau die Geschwister sexuell miteinander tun; es zieht psychisch sicher andere Folgen nach sich, wenn sie regelmäßig miteinander schlafen, als wenn sie sich mal gegenseitig masturbieren oder küssen. All das kann große Scham und Schuldgefühle hervorrufen. Was das aber genau bedeutet, kann immer nur im Einzelfall geklärt werden, und dies hängt wesentlich auch von der Persönlichkeitsstruktur der Patient*innen* und der Wirkmächtigkeit ihrer Fantasien ab.

SCHMIDBAUER Es ist interessant, wie Ihr Urteil über Schädlichkeit und Unschädlichkeit beim Geschwisterinzest viel differenzierter ausfällt als beim Inzest mit den Eltern, obwohl wahrscheinlich auch dort große Unterschiede in den Folgen auftreten, je nachdem, welche Rolle Drohungen und manifeste Gewalt spielen, wie lange und wie tief greifend das Geschehen ist.

QUINDEAU Sicher gibt es wohl auch da Unterschiede, aber zentral für meine negative Einschätzung ist die Überschreitung des ödipalen Gesetzes. Ich meine auch nicht, dass sexuelle Aktivitäten unter Geschwistern als völlig unproblematisch erlebt werden. Im Gegenteil, das wird oft mit ganz viel Scham erzählt und braucht häufig viel Zeit, um überhaupt thematisiert werden zu können. Aber ich glaube wirklich, dass es auch der gesellschaftliche Druck ist, der es so schambesetzt macht. Man bewertet ja bestimmte Geschehnisse im Lichte der jeweiligen gesellschaftlichen Vorstellungen. Und da ist der Missbrauchsdiskurs im Moment schon sehr stark und kann Patient*innen* verunsichern, ob das, was sie erlebt haben, vielleicht Missbrauch gewesen ist. Aber was häufig unter mehr oder weniger Gleichaltrigen und unter altersgleichen Geschwistern stattfindet, das führt nicht unbedingt zu psychischen Dramen.

Das bleibt dann wahrscheinlich aber auch eher spielerisch.

QUINDEAU Und auch da wissen wir zu wenig. Geschwisterbeziehungen sind in der Psychoanalyse, in der analytischen Theorie, ziemlich unterbelichtet. Hans Sohni hat zuletzt in »Geschwisterdynamik« über Geschwisterbeziehungen geschrieben, aber leider auch nicht zu diesem Aspekt.

Meine Erfahrung besagt jedenfalls, dass diese frühen sexuellen Kontakte für viele unter völlig entspannten Umständen stattfinden. Da passiert meist nichts Schlimmes. Und solche Kontakte liegen doch auch nahe, ich meine, das sind doch die nächsten Menschen, die man hat, die Geschwister. Dass es da auch sexuelle Neugier gibt, erscheint eigentlich selbstverständlich. Daher denke ich, eher im Gegenteil, dass da auch viel Positives passiert und wir das »entdramatisieren« sollten. Denn viele Eltern sind inzwischen verunsichert, was die sexuellen Aktivitäten ihrer kleinen Kinder betrifft, und finden die ganz normalen »Doktorspiele« oft schon problematisch. Sie könnten ein wenig Beruhigung gut brauchen.

SCHMIDBAUER Sie meinen: Wenn in der Psychoanalyse die Inzestschranke durchbrochen und die ödipale Fantasie geweckt wird, dann wird sie an den Analytiker gebunden. Dadurch aber, dass er abstinent bleibt, wird ein Schritt in Richtung auf Verzichtssublimierung und Reifung ermöglicht. Wenn sich die beiden nun aber verlieben und nach Jahr und Tag wiedertreffen, dann setzt ein Strukturverlust ein, der es riskiert, dass das Ich von diesen Ängsten überschwemmt wird, weil sich die Inzestschranke als nicht stabil erwiesen hat. Ein solches Paar versucht nun, nach der Einhaltung der Frist an etwas anzuknüpfen, was vor der Analyse hätte liegen können, denn es wäre ja auch möglich gewesen, dass sie sich auf einer Party kennengelernt hätten.

QUINDEAU Ja, und zwar nur dadurch, dass die Struktur über die asymmetrische Beziehung in der Psychotherapie hergestellt wurde. Es war eben keine Party. Die analytische Beziehung stellt die ödipale Beziehung ja erst her und etabliert das Inzesttabu in dieser Beziehung. Meine Überzeugung ist, dass das eben irreversibel ist.

SCHMIDBAUER Und damit würde eine Struktur, die mühsam aufgebaut worden ist, wieder verloren gehen und zusammenbrechen. Ja, dieses Konzept der unbewussten Struktur … da sind wir in einem Bereich, in dem man noch viel forschen müsste.

QUINDEAU Was natürlich nicht einfach ist.

SCHMIDBAUER Ich verstehe das Argument. Aber was tun, wenn das Kind in den Brunnen gefallen ist? Ich habe immer wieder Anfragen von Leuten bekommen, die aus einer Therapie in eine Beziehung gestolpert sind. Dann sehe ich es eher als meine Aufgabe, das Geschehen nicht zu dramatisieren, sondern den Beteiligten weiterzuhelfen.

QUINDEAU Daher ist es auch so wichtig zu differenzieren, in welchem Kontext etwas steht und passiert. So macht es einen Unterschied, wenn ich den Kandidat*innen* in der Ausbildung die Folgen sexueller Grenzverletzungen deutlich mache oder es mit Patient*innen* zu tun habe, die solche Grenzverletzungen erlebt haben – oder wenn wir in unseren Berufsverbänden um ethische Standards und Sanktionen ringen.

SCHMIDBAUER Ja, die Menschen mit diesen krassen, verantwortungslosen Geschichten, die man manchmal hört, die suchen keine psychotherapeutische Unterstützung mehr.

QUINDEAU Sie sind oft viel zu enttäuscht davon, und dann wäre es geradezu verantwortungslos, wenn wir als Erstes mal sagen würden: »Es ist alles noch viel schlimmer, als Sie denken.« Und abgesehen davon bilden wir natürlich nicht in jeder Analyse eine ödipale Struktur aus, das hängt ja vom Maß der Regression ab. Da gibt es schon große Unterschiede.

SCHMIDBAUER Ja, das ist ein interessanter Gedanke, dem man weiter nachgehen müsste, also ob gerade in jenen Fällen, in denen eine »Frühstörung« vorliegt, durch die Analyse eine ödipale Struktur gewonnen wurde und dieser Strukturgewinn, der ja unbewusst ist, wieder verloren geht. Leider entziehen sich so viele der interessantesten Fragen in unserem Fach der experimentellen und empirischen Klärung. Das ist schade.

QUINDEAU Für den Fortgang der Analyse ist es notwendig, dass die Übertragungsliebe enttäuscht wird. Nur enttäuschte Liebe kann dazu führen, das Liebesobjekt aufzugeben und sich einem neuen zuzuwenden. Die Enttäuschung muss in der Analyse bearbeitet werden. Möglicherweise möchte man dies dem Analysanden nicht zumuten und verzichtet daher darauf, die Übertragungsliebe anzusprechen. Doch in diesem Fall würde die Liebe unbearbeitet im Unbewussten fortbestehen mit allen problematischen Konsequenzen. Dies zeigt noch einmal, wie wichtig es ist, diese Übertragungen zu thematisieren und zu bearbeiten.

Gelungene Beendigungen

Wie schließt man eine Analyse befriedigend ab?

SCHMIDBAUER Meines Erachtens existieren zwei Modelle: Das erste ist der definitive Abschluss, der davon ausgeht, dass die Übertragung vollständig bearbeitet und die Idealisierung zurückgenommen wurde. Das zweite ist sozusagen »open end«. Im ersten Modell könnte man aufhören, die Beziehung als therapeutische zu verstehen, weil der Therapeut nicht mehr idealisiert, sondern als Person mit Grenzen und so weiter wahrgenommen wird. Was aber macht man, wenn der Patient, der den Prozess vermeintlich abgeschlossen hat, fünf Jahre später erneut in eine Krise gerät? Meine Position ist eher, das Ende als offenes zu verstehen.

QUINDEAU Was heißt das genau?

SCHMIDBAUER Eben nicht zu sagen, die Analyse sei nun definitiv zu Ende, sondern zu sagen: »Wir hören jetzt mal auf, denn die Themen sind erst einmal bearbeitet oder die Ausbildung ist abgeschlossen oder das Kassenkontingent ist erschöpft – schauen wir doch mal, wie es weitergeht. Therapeutisch lassen wir das offen. Wenn sich neue Probleme ergeben, dann müssen Sie sich eben wieder Hilfe suchen. Und wenn Sie mit diesem neuen Thema zu dem Analytiker gehen wollen, den Sie bereits kennen – ich bin offen dafür.«

QUINDEAU Ja, das wäre deutlich menschlicher und der Sache angemessener. Das erste Modell, das Sie beschrieben haben, mit der Vorstellung, die Übertragung ließe sich vollständig auflösen, scheint unsere therapeutischen Möglichkeiten ja gewaltig zu überschätzen. Wir können bestimmte Konfliktkonstellationen bearbeiten und tun dies in der Übertragung, aber *beenden* lässt sie sich nicht. Es existiert ja auch die Vorstellung von der unendlichen Analyse und dass sie eigentlich nie abschließbar ist. Das heißt, es ist eigentlich wie in jeder Analyse. Man kann nur an bestimmten Punkten sagen: »So, wir haben noch etwa ein halbes Jahr, was haben wir erreicht und was möchten Sie noch erreichen in der verbleibenden Zeit?« Diese Fragen nach dem Zwischenfazit kommen ja im Verlauf einer Analyse oft auch von den Analysand*innen*. Und damit kann man dann auch erst mal abschließen.

SCHMIDBAUER Ich finde das offene Ende auch ökonomischer. Wenn ich beispielsweise jemanden mit einer Anorexie habe und diese Person kann Beziehungen immer nur katastrophisch führen, dann gibt es in der Analyse vielleicht irgendwann einen Punkt, an dem sie in einer festen Beziehung lebt und sich keine Symptome mehr zeigen. Ich selbst kann natürlich trotzdem noch Punkte ahnen, die bei entsprechenden Einflüssen von außen – beispielsweise einer Schwangerschaft – zu neuen Krisen führen könnten, aber ich lasse das offen. Unter Umständen kommt die Patientin wieder, und dann hat man schon einen ganzen Fundus an Einsichten erarbeitet und kann oft sehr schnell auch die neue Krise bewältigen.

Lässt sich eine Therapie überhaupt beenden, wenn die Erotik nicht als Übertragung bearbeitet wird, sondern gelebt werden soll?

QUINDEAU Nein, das wäre eine ziemliche Katastrophe. Die Therapie lässt sich in einem solchen Fall weder beenden noch weiterführen, sondern muss abgebrochen werden. Da geht es dann nur noch um Schadensbegrenzung, die einen dritten Weg erfordert.

SCHMIDBAUER Es macht einen gewaltigen Unterschied, wenn klar werden darf, dass da was schiefgelaufen ist, dass die Behandlung zu Ende ist und das Therapiebedürfnis bei einem anderen Analytiker weiterverfolgt wird, oder ob der entgleiste Therapeut sein sexuelles Agieren als eine Sonderform von Behandlung ausgibt und sich die Schäferstündchen von der Krankenkasse bezahlen lässt. Es wird ja sozusagen ein Vertragsverhältnis aufgelöst. Man kann das relativ verantwortlich handhaben – oder eben das Chaos noch steigern und eine sadomasochistische Situation schaffen.

Wenn ein Analytiker zu dem Schluss kommt: »Ich kann nicht mehr arbeiten, ich bin so wahnsinnig verliebt in dich, ich muss da Schluss machen, das bringt therapeutisch nichts mehr«, dann würde ich sagen, dass der Patient bei einem Kollegen weitermachen sollte.

QUINDEAU Na ja, das klingt so einfach, ist aber psychisch vermutlich ziemlich dramatisch für die Patientin oder den Patienten. Da kann man nur hoffen, dass der betreffende Kollege es vorher merkt und sich Hilfe sucht und nicht so lange wartet, bis er nur noch das sagen kann.

Trotzdem muss man das ja in einem gewissen Sinn abschließen.

SCHMIDBAUER Das kann man nicht »abschließen«. Man kann aber an einem bestimmten Gefühl arbeiten: »Okay, wir sind einfach in unterschiedlichen Positionen und müssen uns deshalb nicht verfeinden oder gegenseitig entwerten, sondern wir sind einfach an einer Grenze, wo wir miteinander nicht weiterkommen. Das liegt an mir genauso wie an Ihnen.«

QUINDEAU Mir scheint es wichtig, selbst in so einem Fall, in dem man als Therapeut*in* offenbar komplett überfordert ist, den analytischen Raum wenigstens noch ein Stück zu bewahren und nicht erbarmungslos alles offenzulegen. Es ist nicht nur wenig hilfreich für eine Patientin, wenn sie hört, dass ihr Analytiker vor lauter Verliebtheit nicht mehr arbeiten kann, sondern ziemlich desaströs. Sie kann es als brutale Bestätigung ihrer Größenfantasien erleben, wenn sie mit ihren Verführungsversuchen so erfolgreich ist und den Therapeuten an den Rand bringt. Das heißt, dass sie ihn auch erfolgreich kastriert hat. Wenn das dann einhergeht mit einer abrupten Trennung, kann es dramatische psychische Folgen für die Patientin haben. Da man nie genau wissen kann, wie etwas psychisch verarbeitet wird, würde ich in jedem Falle vor »Schnellschüssen« warnen und dafür plädieren, sich kollegiale Unterstützung zu suchen und genau zu überlegen, was man der Patientin sagen kann. Und sich dann noch Zeit einzuräumen, um daran gemeinsam zu arbeiten, auch wenn es nur ein paar Stunden sind.

SCHMIDBAUER Es kommt auch auf die Patientin an. Wenn die sagt: »Ich kann so mit Ihnen nicht weitermachen, entweder lassen Sie sich auf die Beziehung ein oder ich breche ab«, und sie lässt sich nicht von dieser Position abbringen, dann geht es naturgemäß nicht weiter. Aber als Analytiker sollte man erst mal die Supervisionsmöglichkeiten ausschöpfen, bevor man sagt, man könne *selbst* nicht mehr weitermachen und wolle die Therapie abbrechen.

QUINDEAU Ja, und wenn ich in Supervision gehe oder das in der Intervision bespreche, dann teilt sich das oft auch dem Patienten unbewusst mit. Gerade wenn ein Abbruch droht, ist das kollegiale Gespräch sehr hilfreich und eröffnet wieder einen Raum. Das kann dann solche Reaktionen von Patient*inn*en mildern, die sagen, wir können da nicht mehr weitermachen. Es geht dann therapeutisch oft doch weiter.

SCHMIDBAUER Ja, das sehe ich auch so.

QUINDEAU In dem Moment, wenn man sich supervidieren lässt, wird man gelassener, kann die Schwierigkeiten »containen«, beginnt, sie zu verstehen. Dass solche erotischen Verwicklungen erst mal mit einer Menge Aufregung verbunden sind, das ist klar. Trotzdem kann man das professionell bearbeiten.

Ein anderes Problem ist aber, dass ein Abbruch immer große Schäden hinterlässt, wenn jemand tatsächlich meint, gehen zu müssen in so einer aufgeladenen Situation. Für den nachfolgenden Kollegen, der dann die Therapie übernimmt, ist es sehr oft schwer, damit umzugehen, sodass es immer besser ist, das Thema und die Gefühle in der jeweiligen Therapie selbst zu behandeln, also genau nicht zu sagen: »Gehen Sie bitte zum Kollegen und besprechen Sie das da«, sondern alles daranzusetzen, dass das in jener therapeutischen Beziehung bearbeitet werden kann, in der es entstanden ist, und dann eben mit externer Hilfe.

SCHMIDBAUER Das ist eben der Schatten der Psychoanalyse. Eine Verhaltenstherapie greift nicht so tief, aber sie wird deshalb auch leichter losgelassen. Bei einer Analyse ist es eben so, dass man viel mehr miteinander aushalten muss. Es ist normal, das Material lange und intensiv zu bearbeiten. Auch wenn die Arbeit unzuträglich ist und beiden Seiten nicht guttut, wird sie fortgeführt, manchmal in der Tat zu lange. Dörte von Drigalski hat das in »Blumen auf Granit. Eine Irr- und Lehrfahrt durch die deutsche Psychoanalyse« beschrieben. Das ist schon sehr unglücklich. Da tun einem beide Seiten von Herzen leid, dass die sich so ausdauernd gequält haben. Das Buch handelt von einer gescheiterten Lehranalyse, in der beide in die tiefsten Abgründe der Humorlosigkeit hinabgestiegen sind und sich nicht mehr daraus befreien konnten. Sie hat das sehr dezidiert aufgeschrieben.

QUINDEAU Das Buch dürfte rund dreißig Jahre alt sein; für mich ist das ein Beispiel dafür, dass sich dieser Kollege mit Sicherheit keine Intervision, keine Supervision geholt hat. Der war sich selbst genug. Und da konnte sich dann eine sadomasochistische Dynamik entwickeln. Genau deswegen braucht es eine dritte Position, die von außen dazukommt.

Was braucht die Klientin, um nach einer Verliebtheitsphase in einen konstruktiven Prozess zu kommen, statt sich abgewiesen zu fühlen?

QUINDEAU Das ist nicht so einfach allgemein zu sagen, sondern kommt sehr darauf an, welche Funktion die Verliebtheit hatte. Es macht einen Unterschied, ob die Verliebtheit ein Angriff auf den Rahmen, eine ödipale Verführung oder ein perverser Triumph über den Analytiker war. Die Arbeit an den Bedeutungen, die den Liebesgefühlen zukommt, scheint mir äußerst konstruktiv zu sein. Es geht dabei nicht um eine Bewertung oder Zurückweisung, sondern um ein gemeinsames Verstehen.

SCHMIDBAUER Die Verliebtheit ist bereits Teil eines konstruktiven Prozesses, wenn es gelingt, sie als Beitrag zu einer gemeinsamen Arbeit zu verstehen und zu nutzen. Es sollte nicht um Zurückweisung, sondern um Anerkennung gehen.

Die Liebesgefühle sind entstanden und erfolgreich besprochen, welche Kraft entsteht daraus? Die nicht gelebte Liebe als Wirkfaktor?

QUINDEAU Der große Gewinn, wenn man gemeinsam so eine Krise mit heftigen Liebesgefühlen bearbeitet hat, scheint mir darin zu liegen, dass sich die analytische Beziehung unglaublich intensiviert und vertieft. Ethel Person hat dies treffend auf den Punkt gebracht mit ihrer Formulierung von der erotischen Übertragung als »Goldmine und Minenfeld«. Wenn man dies durchgearbeitet hat, tritt auf einmal das Gefühl in den Vordergrund, dass man wirklich etwas geschafft hat, indem man die symbolische Ordnung gehalten hat und viel gegenseitiges Vertrauen gewachsen ist. Ich glaube, dass man damit dem Ziel der Psychoanalyse, also die Unsicherheiten und die Erschütterungen gemeinsam zu tragen und ertragen, ein großes Stück näher gekommen ist.

SCHMIDBAUER Das meiste, gerade was das Ertragen von Konflikten und Widersprüchen angeht, lernen wir in der Praxis und können es nachher in unsere persönliche Behandlungstheorie einbauen. Ich habe viel von einer Patientin mit einer Missbrauchserfahrung gelernt, die wirklich sehr energische und mich aufwühlende Anstrengungen unternommen hat, um mich zu verführen. Die war radikal dabei, kleidete sich wie beim Besuch im Swingerclub, erzählte Fantasien aus Pornovideos, in denen sie mitgespielt hatte. Später sagte sie, sie sei sehr erleichtert, dass wir jetzt wieder ganz normal miteinander reden könnten. So heftige Übertragungslieben sind sehr selten. Ich glaube nicht, dass ich mich an sie gewöhnen könnte. Da entsteht große Verunsicherung, auf beiden Seiten.

Man weiß eigentlich nachher gar nicht so genau, wie man wieder aus diesem Strudel von heftigen Wünschen, Enttäuschungen und Verhandlungen herausgefunden hat. Aber die therapeutische Beziehung ist stabiler und auch herzlicher geworden. Die Patientin hatte ihre Missbrauchserfahrungen durch manisches sexuelles Agieren kompensiert und zahllose Männer »vernascht«. Sie war nach diesem Sturm viel friedlicher mit sich selbst, viel ruhiger. Sie erkannte, wie viel von ihren ödipalen Wünschen durch den Missbrauch aktiviert worden war.

Danach versteht man aus einer viel tieferen Überzeugung heraus den Sinn der Übertragungsliebe, obwohl ich es niemandem wünsche, eine so heftige erotische Übertragung aushalten zu müssen. Zum Glück passiert das im Analytikerleben auch gar nicht oft, aber man ist doch froh, wenn man es heil überstanden hat und wenn es therapeutisch gut weitergeht. In den meisten Fällen verläuft das ja viel milder, aber gerade bei Patientinnen mit einer Missbrauchsanamnese kann das heftig werden.

Ich habe daraus für mich die Einsicht gewonnen: Es geht nicht darum, sich zu schützen und pädagogisch vorzugehen, etwa zu erklären, dass sexuelle Aktionen in einer Analyse verboten sind. Hilfreich ist eine stärkere Besetzung des Analytischen, des Verstehens, der Einsicht, des Erkennens, des Stehenlassens und des Nichthandelns. Das, denke ich, ist dann etwas, was bei beiden Gestalt gewinnen kann und zur Stärkung beider beiträgt. Das ist eine sehr intensive Erfahrung, auch wenn man nachher nicht alles genau erinnert und versteht. Da fällt mir der schöne Vers von Heinrich Heine in »Buch der Lieder« ein:

»Anfangs wollt ich fast verzagen,
Und ich glaubt', ich trüg' es nie,
Und ich hab' es doch getragen, –
Aber fragt mich nur nicht, wie?«

Ausgewählte Literatur

Alexander, F. (1950). Analyse der therapeutischen Faktoren in der psychoanalytischen Behandlung. Psyche – Zeitschrift für Psychoanalyse und ihre Anwendungen, 3 (4), 401–416.

Barthes, R. (2015). Fragmente einer Sprache der Liebe. Frankfurt a. M.: Suhrkamp.

Bayer, L., Quindeau, I. (2004/2014). Die unbewusste Botschaft der Verführung. Interdisziplinäre Studien zur Verführungstheorie Jean Laplanches. Gießen: Psychosozial-Verlag.

Becker-Fischer, M., Fischer, G. (2008). Sexuelle Übergriffe in Psychotherapie und Psychiatrie. Orientierungshilfen für Therapeut und Klientin (3., neu bearb., erw. u. aktual. Aufl.). Kröning: Asanger.

Benjamin, J. (1993). Die Fesseln der Liebe. Psychoanalyse, Feminismus und das Problem der Macht. Frankfurt a. M.: Fischer.

Bion, W. (1992). Lernen durch Erfahrung. Frankfurt a. M.: Suhrkamp.

Braun, C., Otscheret, L. (2004). Sexualitäten in der Psychoanalyse. Entwicklungstheorie und psychotherapeutische Praxis. Frankfurt a. M.: Brandes & Apsel.

Canestri, J. (1993). A cry of fire. Some considerations on transference love. In E. Person (ed.), On Freuds »Observations on Transference-love« (pp. 146–164). New Haven: University Press.

Drigalski, D. von (1980/2003). Blumen auf Granit. Eine Irr- und Lehrfahrt durch die deutsche Psychoanalyse; mit Adressen von Selbsthilfegruppen, Schlichtungsstellen und Internetseiten (aktual. Neuausg.). Berlin: Peter Lehmann Verlag.

Ermann, M. (2014). Der Andere in der Psychoanalyse. Die intersubjektive Wende. Stuttgart: Kohlhammer.

Ferenczi, S. (1930/1972). Relaxationsprinzip und Neokatharsis. Schriften zur Psychoanalyse, Bd. II (S. 257–273). Frankfurt a. M.: Fischer.

Ferenczi, S. (1932/1999). Ohne Sympathie keine Heilung. Das Klinische Tagebuch von 1932. Frankfurt a. M.: Fischer.

Ferenczi, S. (1933/1972). Sprachverwirrung zwischen den Erwachsenen und dem Kind. Schriften zur Psychoanalyse, Bd. II (S. 303–316). Frankfurt a. M.: Fischer.

Freud, S. (1900). Die Traumdeutung. GW II/III. Frankfurt a. M.: Fischer.

Freud, S. (1905). Drei Abhandlungen zur Sexualtheorie. Studienausgabe, GW V (S. 33–145). Frankfurt a. M.: Fischer.

Freud, S. (1907). Der Wahn und die Träume in W. Jensens »Gradiva«. GW VII (S. 29–125). Frankfurt a. M.: Fischer.

Freud, S. (1910). Über »wilde« Psychoanalyse. GW VIII (S. 110–125). Frankfurt a. M.: Fischer.

Freud, S. (1915). Bemerkungen über die Übertragungsliebe. GW X (S. 306–321). Frankfurt a. M.: Fischer.

Freud, S. (1930). Das Unbehagen in der Kultur. GW XIV (S. 419–505). Frankfurt a. M.: Fischer.
Freud, S. (1937). Die endliche und die unendliche Analyse. GW XVI (S. 59–99). Frankfurt a. M.: Fischer.
Freud. S., Jung, C. G. (1909/1991). Briefwechsel. Hrsg. von W. McGuire u. W. Sauerländer. Frankfurt a. M.: Fischer.
Gabbard, G. O., Peltz, M. L. (2001). Speaking the unspeakable: Institutional reactions to boundary violations by training analysts. Journal of the American Psychoanalysis Association, 49, 659–673.
Gabbard, G. O., Williams, P. (2004). Editorial. International Journal of Psychoanalysis, 85, 1–2.
Giddens, A. (1993). Wandel der Intimität: Sexualität, Liebe und Erotik in modernen Gesellschaften. Frankfurt a. M.: Fischer.
Grunert, J. (1989). Intimität und Abstinenz in der psychoanalytischen Allianz. Jahrbuch der Psychoanalyse, 25, 2013–2235.
Hantel-Quitmann, W. (2005). Liebesaffären: zur Psychologie leidenschaftlicher Beziehungen. Gießen: Psychosozial-Verlag.
Heine, H. (1827). Buch der Lieder. Hamburg: Hoffmannn und Campe. S. 47.
Hopkins, L. (2008). False Self: The life of Masud Khan. London: Karnac.
Karger, A., Knellessen, O., Lettau, G., Weismüller, C. (2001). Sexuelle Übergriffe in Psychoanalyse und Psychotherapie. Göttingen: Vandenhoeck & Ruprecht.
Keats, J. (2011). Letters of John Keats to his familiy and friends. Kindle.
Kernberg, O. F. (1994). Das sexuelle Paar: Eine psychoanalytische Untersuchung. Psyche – Zeitschrift für Psychoanalyse und ihre Anwendungen, 48 (6), 866–885.
Khan, M. R. (1997). Selbsterfahrung in der Therapie: Theorie und Praxis (3., unveränd. Aufl.). Eschborn: Klotz.
Kohut, H. (1975). Die Zukunft der Psychoanalyse. Aufsätze zu allgemeinen Themen und zur Psychologie des Selbst. Frankfurt a. M.: Suhrkamp.
Krätzig, R. (2015). Liebe in der Psychotherapie: Potential, Problem, Perspektive. Norderstedt: BoD.
Krutzenbichler, S., Essers, H. (1991). Muss denn Liebe Sünde sein. Über das Begehren des Analytikers. Freiburg i. Br.: Kore.
Krutzenbichler, S., Essers, H. (2010). Übertragungsliebe. Psychoanalytische Erkundungen zu einem brisanten Phänomen. Gießen: Psychosozial-Verlag.
Laplanche, J. (2011). Neue Grundlagen für die Psychoanalyse: die Urverführung. Gießen: Psychosozial-Verlag.
Lorenzer, A. (1974). Die Wahrheit der psychoanalytischen Erkenntnis: ein historisch-materialistischer Entwurf. Frankfurt a. M.: Suhrkamp.
Mann, Th. (1921/1991). Waelsungsblut. Frankfurt a. M.: Fischer.
M'Úzan, M. de (2006). Die Analysestunde – eine erogene Zone. Zeitschrift für psychoanalytische Theorie und Praxis, 21, 186–196.

Person, E. S. (ed.) (1993). On Freuds »Observations on Transference-love«. New Haven: University Press.
Pfannschmidt, H. (1997). Der Körper der Übertragungsliebe. In K. Höhfeld, A.-M. Schlösser (Hrsg.), Psychoanalyse der Liebe (S. 197–208). Gießen: Psychosozial-Verlag.
Quindeau, I. (2008). Verführung und Begehren. Die psychoanalytische Sexualtheorie nach Freud. Stuttgart: Klett-Cotta.
Quindeau, I. (2014). Sexualität. Gießen: Psychosozial-Verlag.
Quindeau, I., Dammasch, F. (2014). Männlichkeiten: wie weibliche und männliche Psychoanalytiker Jungen und Männer behandeln. Mit Fallgeschichten, Kommentaren und Diskussion. Stuttgart: Klett-Cotta.
Richter, H.-E. (1969). Eltern, Kind, Neurose: Psychoanalyse der kindlichen Rolle. Reinbek: Rowohlt.
Sandler, A.-M. (2007). Reaktionen der psychoanalytischen Institutionen auf Grenzverletzungen – Masud Khan und Winnicott. In S. Zwettler-Otte (Hrsg.), Entgleisungen in der Psychoanalyse: berufsethische Probleme (S. 93–119). Göttingen: Vandenhoeck & Ruprecht.
Sandler, A.-M. (2004). Institutional responses to boundary violations: The case of Masud Khan. International Journal of Psychoanalysis, 85, 27–43.
Scharff, J. (2010). Die leibliche Dimension der Psychoanalyse. Frankfurt a. M.: Brandes & Apsel.
Schiller, F. (1962). Sämtliche Werke. Band 1 (3. Aufl.; S. 206–207; 221–223). Auf Grund der Originaldrucke herausgegeben von G. Fricke und H. G. Göpfert in Verbindung mit H. Stubenrauch. München: Hanser.
Schlesinger-Kipp, G., Vedder, H. (Hrsg.) (2008). Gefährdete Begegnung. Psychoanalytische Arbeit im Spannungsfeld von Intimität und Abstinenz. Berlin: Geber & Reusch.
Schmidbauer, W. (1992). Helfen als Beruf: die Ware Nächstenliebe (überarb. u. erw. Neuausg.). Reinbek: Rowohlt.
Schmidbauer, W. (1977/1995). Hilflose Helfer: über die seelische Problematik der helfenden Berufe. Reinbek: Rowohlt.
Schmidbauer, W. (1997). Wenn Helfer Fehler machen: Liebe, Mißbrauch und Narzißmus. Reinbek: Rowohlt.
Schmidbauer, W. (1999/2012). Die heimliche Liebe: Ausrutscher, Seitensprung, Doppelleben. Reinbek: Rowohlt.
Schmidbauer, W. (2014a). Das Rätsel der Erotik. Lust oder Bindung. Freiburg i. Br.: Kreuz.
Schmidbauer, W. (2014b). Unbewusste Rituale in der Liebe. Einführung in die Paaranalyse. Stuttgart: Klett-Cotta.
Schmidt-Lellek, C., Heimannsberg, B. (Hrsg.) (1995). Macht und Machtmißbrauch in der Psychotherapie. Köln: Edition Humanistische Psychologie.

Schmithüsen, G. (2012). Von der Schwierigkeit, über die Liebe zu reden. Psyche – Zeitschrift für Psychoanalyse und ihre Anwendungen, 66 (3), 193–212.
Sohni, H. (2011). Geschwisterdynamik. Gießen: Psychosozial-Verlag.
Stoller, R. (1998). Perversion. Die erotische Form von Haß. Gießen: Psychosozial-Verlag.
Stone, L. (1973). Die psychoanalytische Situation. Frankfurt a. M.: Fischer.
Wirth, H.-J. (2007). Narzissmus und Machtmissbrauch in der Psychotherapie. Psychoanalytische Familientherapie, 8 (1), 85–98.